祷告和禁食的翻转大能

- 书写人类历史中祂的故事

神藉着祷告和禁食的翻转大能
The Power of Prayer and Fasting

叶光明国际事工版权 © 2018
叶光明事工亚太地区出版
PO Box 2029, Christchurch, New Zealand 8140
admin@dpm.co.nz

叶光明国际事工出版
版权所有

DPM27-08

ISBN: 978-1-78263-634-2

目录

"神藉着祷告和禁食的翻转大能"

"为家园祷告"

神藉着

祷告和禁食

的翻转大能

林肯在历史上的宣言

首先，我们要看美国历史上林肯总统向全美发布的一个禁食、祷告、谦卑日的宣言，内容如下：

"美参议院本着虔诚敬畏之心，承认万军之耶和华神在人民与国家事务中具有最高的权柄和公义的治理权，进而恭敬呈交决议，请求总统指定一日分别为圣，为全国祷告、谦卑日：

与此同时，也鉴于国家与人民清楚认知，需要倚靠上帝全能主宰的大能；并以一颗谦卑痛悔的心承认自己的罪愆和过犯。同时也坚信、盼望诚挚的悔改会带来神的怜悯与赦免。并且，我们也清楚地认识到，一个基于圣经，并为整个全人类历史所证实的崇高真理：那就是，以耶和华为神的，那国是有福的！

我们深知，根据上帝律法，无论国家还是个人，都难免遭遇经历这个世界上的惩戒与责罚，就现今内战给全国各地带来的可怕灾难和遍地荒凉，难道我们不应当就此默想，对神产生畏惧之心？我认为，这也许是神对我们任意犯罪的惩罚，以便整个国家民族回转，经历全面的革新。我们已经领受到上天最上好的恩惠，这么多年以来，享有国泰民安、繁荣昌盛，在人口数量、财富和国力上都有着别国从未有过的增长。但我们却忘记了神，忘记了是神慈爱的手在保守着我们，让我们享有和平、使我们繁衍滋生，富有强大。出于人心的诡诈我们竟凭空臆断，狂妄自大，以为所有这些祝福都源于我们自身的卓越、智慧和美德。由于被一连串的成功所陶醉，我们变得狂妄，以致无法感觉我们不能没有救赎和神保守的恩典；我们也变得过于骄傲，以至不去祈求那创造我们的神！为此，我们全体国民必须要在被我们冒犯的神面前谦卑自己，承认我们全国民的罪，祈求神的赦免和宽恕。

依照以上的请求，并我本人对参议院的提案也深表认同，今特借此宣告指定一日，把一八六三年四月三十日星期四这一日分别出来，为全国谦卑、禁食、祷告日。我请求，全体人民在该日一律避开日常世俗事务，分别聚集在一些公开敬拜的场所或者各自家中，把此日当作是主分别出来的圣日，专心履行适合于那庄严时节的信仰义务。

当我们真心实意如此行时，让我们按照神的教诲，满怀盼望，并且谦卑地等待，神一定垂听并用祝福回应我们举国上下一致的呼求，赦免我们民族国家的罪，将我们目前四分五裂、痛苦不堪的国家，重新恢复往日的团结与安宁。

至此，谨代表合众国在此签名，盖章，引以为证，主后一八六三年三月三十日，

合众国独立第八十七年于华盛顿市

总统：亚伯拉罕·林肯 国务卿：威廉·西沃德

上面这则宣言被作为美国历史总卷 12 卷附录 19 篇，完整地被保留在美国国会图书馆里。宣言是在美国参议院的决议中首先提出，后在一八六三年三月三十日由林肯总统正式向全国人民颁发。

在该宣言中，有两个发人深省的主题涵盖其中：

其一，宣言承认美国享有神赐的独一无二的祝福。但同时也指出，祝福也同时导致人心的骄傲自满，而这正是造成国家严重社会危机的根源所在。宣言中仍然有些描述，适用于今日的美国现状：

"我们在人口数量、财富和国力上都有着别国从未有过的增长。…… 出于人心的诡诈，我们竟凭空臆断，以为所有这些祝福都源于我们自身的卓越、智慧和美德。。…… 我们变得过于骄傲，以至不去祈求那创造我们的神！"

其二，宣言明确宣称，在民众与国家事务中，有"神主宰的大能"运行其中。宣言也表明，从历史的角度，无论在政治、经济，或是军事的背后，都有神属灵的律在运行。承认和遵守这些律，国家的命运就会改写，避免灾难，重得真

正的平安与昌盛。宣言特别阐明了一个极具操作性的原则，即国家可以藉着全民联合性的禁食祷告，为其自身的益处，呼求 " 神主宰大能 " 的属天介入。

这则宣言的撰写者亚伯拉罕·林肯，被美国和全世界公认为美国历史上最机智、最有洞鉴力的总统之一。林肯是一位信仰虔诚和信心坚定的人，虽然他一生从未加入任何宗派，成为任何基督徒宗派的会员，但我们不能因此而假定林肯的宗教观是片面或极端的。这则宣言，不仅源自林肯的个人信仰，也是整个美国参议院上下决议一致要求的结晶。

对于象他们这样天赋秉异的人，我们应如何评价他们笃定的信仰呢？是否可以草率视之为无现实意义，或认为他们陈腐过时？如果我们秉承这样的观念，那只能说明我们自己缺乏理智和存有偏见。

事实上，与上述错误观念恰恰相反，我们实在是大有必要对这则宣言，以及宣言所提出的议题给予公正、认真的思考。是否有一种至上的大能在主宰国家的命运呢？今日的我们是否可以通过祷告和禁食，来有效地与这属天的能力接轨呢？

我们这个讲题的宗旨，就是要就这些问题深入思考，并通过以下四个方面提供问题的答案。第一，圣经的教导；第二，二战期间及之后的世界历史事件；第三，美国历史；第四，我个人在祷告和禁食方面的经历记载。

第一章、 成为世上的盐

"你们是世上的盐 "。-（马太福音 5：13）

这是耶稣对祂的门徒，对我们所有承认祂教导权威性的人说的话。他把我们在世上的功用比作盐。当我们思考盐对食物的两个非常熟知的用途时，耶稣这句话的含义就更清楚明了了。

盐带来滋味

首先，盐给食物带来味道。淡而无味的食物因为有了盐作调料，就变得有滋有味。在约伯记 6 章 6 节中就有这样的问话："物淡而无盐岂可吃吗"？盐产生的变化，使我们能够享用原本我们可能拒而不吃的食物。我们基督徒的作用就是要给地上带来味道，带来滋味，而享用美味的正是我们的神。我们的同在使地球在神眼中蒙悦纳，也使地球进入神的怜悯。如果没有我们，就没有什么能使地球蒙神的悦纳。正因为我们在这里，神才不断以恩典和怜悯，而不是以震怒和审判来对待地球。是我们的同在才带来这种的不同。

这个原则在亚伯拉罕为所多玛向耶和华代求这件事上得到了生动的展现，该事件记载在创世记 18 章 16 到 33 节。耶和华告诉亚伯拉罕，他要下去察看所多玛城中的罪恶，是否已达到非剿灭不可的程度。后来亚伯拉罕和耶和华一同向所多玛走去，在路上他向耶和华论起神的审判原则。

亚伯拉罕在这里提出了一条最基本的原则（该原则可以作为以下相关讨论的基础），即：把对恶人的审判临到义人，这绝非神的意愿。所以亚伯拉罕求问耶和华：

"无论善恶，你都要剿灭吗？"（创世纪 18:23）

"将义人与恶人同杀，将义人与恶人一样看待，这断不是你所行的。审判全地的主岂不行公义吗"？
（创世纪 18:25）

耶和华神在接下来的对话中，清楚地表明他接受亚伯拉罕所说的原则。明白这一点对我们所有的基督徒而言，是何等的重要！如果我们在基督里凭信心已经称义，如果我们的生命已真正表明了我们的信心，那么本于神的意愿，绝不会将我们包含在对恶人的审判之中。

不幸的是，基督徒时常没有理解这一点。他们不能将以下的两种情况加以区分，这两种情况表面相似，但在本质和根源上却截然不同。第一种情况是义人遭受的逼迫。而第二种情况则是神对恶人的审判。这两种情形的区别可以从以下的对比中加以理解：义人遭受的逼迫是来自恶人；而对恶人的审判是来自公义的神。所以对义人的逼迫和对恶人的审判从它们的来源、目的和结果来看，都是相互对立的。

圣经清楚地警告说，基督徒一定要预备遭受逼迫。耶稣在登山宝训中对门徒说：

> "为义受逼迫的人有福了，因为天国是他们的。人若因我辱骂你们，逼迫你们，捏造各样坏话毁谤你们，你们就有福了"。（马太福音 5:10-11）

保罗也有类似的话写给提摩太，圣经如此说：

> "... 凡立志在基督耶稣里敬虔度日的，也都要受逼迫"。（提摩太后书 3:12）

所以，基督徒一定要为了他们的信心和生活原则准备忍受逼迫，甚至应当将遭受逼迫看作是一种属天的荣耀。

同样需要强调的是，基督徒绝不会被包括在神对恶人的审判之中。这个原则在圣经里被多次提说。在哥林多前书11章32节中，保罗写信给信徒说：

> "我们（基督徒）受审的时候，乃是被主惩治。免得我们和世人一同定罪"。

这句话表明神对待信徒和对待世人的方式有所不同。作为信徒，我们会被神惩治。但如果我们顺服神的惩治并整顿自己的生活，就不会遭到神对非信徒，或者说对这个世界的审判。神惩治我们信徒的目的，完全是为了保护我们免受祂对非信徒的审判。

在诗篇 91 章 7-8 节中，诗人对信徒发出如此的应许：

"虽有千人仆倒在你旁边，万人仆倒在你右边，这灾却不得临近你。你惟亲眼观看，见恶人遭报"。

这里再一次让我们看到了这个原则。即无论审判如何使"恶人遭报"（这是恶人的应有下场），它绝不会降临到义人身上。无论神从哪一方面击打恶人，处于恶人中的义人都不会受到伤害。

在出埃及记 7 到 12 章中，记载了神对埃及人十次的审判，一次比一次严重。因为他们不听摩西和亚伦两位先知的话。在整个审判过程中，神的选民以色列人就住在埃及境内，但这十次审判没有一次伤到他们。在出埃及记 11 章 7 节中，圣经生动地描写了其中的原因：

"至于以色列中，无论是人是牲畜，连狗也不敢向他们摇舌，好叫你们知道耶和华是将埃及人和以色列人分别出来"。

审判没有临到以色列人，因为耶和华将他的选民从埃及人中"分别出来"。甚至连埃及的狗也不得不承认这一区别！在今日，这种区别依旧存在。

当亚伯拉罕继续和耶和华论及所多玛时，他试图确定至少需要多少个义人才能使整个所多玛城免受审判。他先从五十个义人开始，后又藉着他的敬畏和锲而不舍，出色地把义人的数量降到了十名。最后耶和华向亚伯拉罕保证，只要他在所多玛找到十个义人，他就为这十个义人的缘故而不灭整个城市。

那么所多玛到底有多少人口呢？精确估算是十分困难的。然而，已知的其它古巴勒斯坦城市的人口给我们提供了一个比较的标准。在亚伯拉罕时代，耶利哥城墙所围的地域约为七至八英亩。这样的面积至少能居住五千人，至多能居住一万人。不过耶利哥按那个时代的标准看并不算大城市。当时最大的城市是夏琐，它占地一百七十五英亩，人口约在四到五万之间，再往后看，在约书亚时代，约书亚记 8 章 25 节使我们知道艾城的人口是一万二千。圣经的记载显示所多玛在当时比艾城重要的多。

考虑到其它这些城市，我们可以说，在亚伯拉罕时代所多玛的人口大概不会少于一万。神向亚伯拉罕保证，只要有十个义人在城里，那么他们就能拯救一个至少有一万人的城市。这个比率是千分之一。千分之一这个比率在约伯记 33 章 23 节和传道书 7 章 28 节中都出现过，这两节经文都表明这千里挑一的人应该是一名非常公义的人，而剩下的人却远低于神的标准。

　　我们很容易将这个比率的基数无限增大。如果十个义人能够挽救一个拥有一万人的社区，那么一百个义人就能挽救十万人的社区，一千个义人就能挽救一百万人的社区。如果要挽救像美国这么大的国家，那么多少义人呢？美国的人口将近二亿五千万，按照以上比例计算，大约需要二十五万个义人。

　　这些数字会使人浮想联翩。有人要问，圣经是否给了我们依据去相信下面的推算，即如果有二十五万名真正的义人，像盐一样撒遍美国，就足以挽救整个国家免受神的审判，能保证让美国不断得到神的恩典和怜悯呢？相信这种推算的准确性是幼稚的。然而，圣经却明确设立了这个基本原则，就是义人的存在对神如何对待一个社区会起着关键的作用。

　　为了说明这一原则，耶稣用"盐"来作比喻。在哥林多后书 5 章 20 节中，保罗用了下面的比喻来传达同一条真理："我们作基督的使者"。使者的含义是什么？使者是一国派往另一国拥有官方身份的代表。他们的权力并不是由他们自身的能力来衡量的，而完全由他们所代表的权力多少来决定的。在腓利比书 3 章 20 节中，保罗明确说明了我们基督徒所代表的身份。他说到：

"我们都是天上的国民。"

所以，我们在地上的身份，就是代表天上的使者。我们没有权力代表自己行事，但只要我们认真服从天上的指导，我们的一言一行都有天上的权力和大能撑腰。

当一国向另一国宣战之前，它通常所要做的最后一个警告就是撤回它的大使。所以，当我们作为天上的使者仍旧存留于地的时候，我们就能保证神对这片土地宽容和怜悯的持续。然而当有一天，天上的使者最终全都撤离的时候，地上就再没有任何东西能够阻止神完全倾泻祂的震怒和审判。

盐能抑制食物腐烂

盐对于食物的第二个作用就是抑制食物的腐烂。在有人工制冷以前，长途航海的水手都用盐作为肉的防腐剂。实际上腐烂的过程已经在肉用盐淹以前就已经开始了。盐并不能完全取消食物变腐，但它能在船员航海途中抑制腐败的进程，从而使水手一直能吃到没有盐早就不能吃的肉。

我们作为主耶稣基督的门徒，在这个世上所起的作用就像盐对于肉的作用一样。罪的腐败过程早已开始，这一点已在人类活动的各个方面，如道德、宗教、社会、政治等方面已经表明。我们无法完全取消现存的腐败现象，但我们能长时间的抑制它，使神对这个世界的恩典和怜悯得到充分的彰显。然而，当我们对这个世界的影响不再起作用时，腐败现象就会达到它的高峰，其结果定将十分可怕。

盐能够抑制食物腐败的作用也解释了保罗在帖撒罗尼迦后书 2 章 3-12 节中的教导。保罗警告说，人类的罪恶在称作这世界的掌权者身上达到了顶峰，这个掌权者是被撒旦操纵并赋予了异能的。保罗在第 3 节中称这个掌权者为 "大罪人" 和 "沉沦亡子"，在约翰壹书 2 章 18 节中被称作 "敌基督"。在启示录 13 章 4 节中被称作 "兽"。这个掌权者还自称是神，并要求万人都敬拜牠。

这个受控于撒旦的掌权者的出现是无法避免的。保罗在帖撒罗尼迦后书 2 章 8 节确切地说：

"那时这不法的人必显露出来"。

在同一节经文中保罗还表明，真基督必成为最终审判假基督的执行者：

"主耶稣要用口中的气灭绝他，用降临的荣光废掉他"。

然而让人哀叹的是，有些传道人运用保罗这段关于敌基督的教导，向基督徒灌输消极的宿命论观念。他们说："敌基督就要来了，这世界会变得越来越坏，我们对此毫无办法"。结果，基督徒就开始习惯于在一种虔诚的失望中，对撒旦在他们周围的肆虐袖手旁观。

这种消极的宿命论观念是十分可悲的，也是不符合圣经原则的。的确敌基督终归会出现，但并不是对牠毫无办法。现在这世界中就有一股力量，在同敌基督的灵挑战，并抵抗和拦阻牠的出现。保罗在帖撒罗尼迦后书 2 章 6-7 节中就描绘了股力量：

> "现在你们也知道那拦阻他的是什么，是叫他到了的时候，才可以显露。因为那不法的隐意已经发动。只是现在有一个拦阻的，等到那拦阻的被除去"。

这股现在拦阻着敌基督最终完全彰显的力量，就是运行在教会中的圣灵本身。当我们留意圣经中展示的有关圣灵的位格和圣灵的工作的启示时，这一点就很清楚了，在圣经的开头，创世记 1 章 2 节经文告诉我们说：

> "神的灵运行在水面上"。

在这以后的整个旧约中，我们都可以常常找到有关圣灵在地上动工的记载。然而，在耶稣在世传道的最后日子里，牠向门徒应许，圣灵很快要以一种新的方式临到他们，与以往任何时候都不同。

在约翰福音 14 章 16-17 节中，耶稣告知门徒牠的应许

> "我要求父，父就另外赐给你们一位保惠师，（或作训慰师下同）叫他永远与你们同在。就是真理的圣

灵，……因他常与你们同在，也要在你们里面 "。

我们可以将耶稣的这一应许解释为 ： " 我在世上和你们在一起已有三年了，现在我就要离开你们。等我走了以后，另有一位会来代替我，那一位就是圣灵。当他来的时候 ，他会永远和你们在一起。"

在约翰福音 16 章 6-7 节中，主耶稣继续重申祂的应许

"只因我将这事情告诉你们，你们就满心忧愁。然而我将真情告诉你们。我去是与你们有益的。我若不去，保惠师就不到你们这里来。我若去，就差他来 "。

这就清楚地告诉我们，将有一个位格的替换：耶稣将要离开， 但另有一位代替祂的位置，这另一位就是保惠师，即圣灵。

在约翰福音 16 章 12-13 节中，耶稣第三次回到这个主题说 ：

"我还有好些事要告诉你们，但你们现在担当不了(或作不能领会)。只等真理的圣灵来了，他要引导你们明白(原文作进入) 一切的真理……"

在希腊原文里，这里所用的代名词 " 他 " 是阳性词，

而名词 "圣灵" 却是中性词。这种语法上词性的不同表明了圣灵的双重属性，即 - 人格性和非人格性。这就和保罗在帖撒罗尼迦后书二章中对那股拦阻敌基督出现的力量的描写相一致了。在第 6 节中保罗说 ："那拦阻他的是什么"，在第 7 节中他说 ："现在有一个拦阻的"。这两种表达法进一步确认了这股拦阻的力量就是圣灵。

耶稣的应许的位格替换分两个阶段实现 ：首先，耶稣升天 ；其次，十天后在五旬节那天，圣灵降临。在历史的这一时刻，圣灵是以有位格的身份从天而降，在地上居住。祂现在是代表三位一体的神居住在地上。祂的实际居所就是信徒的身体，当信徒聚集在一起就称作 "教会"。针对信徒的身体，保罗在哥林多前书 3 章 16 节中说 ：

"岂不知你们是神的殿， 神的灵住在你们里头吗。"

圣灵在教会里的最大事工就是为基督的身体作全备的预备。就像献给新郎的新娘一样，教会这基督的身体要最后向基督献上。一旦圣灵在教会里的事工完成之后，他就会再一次地，与已经全备整齐的基督身体 --- 教会一同离开地上。因此，我们可以将保罗在帖撒罗尼迦后书 2 章 7 节的句子补充完整 ：

"只是现在有一个拦阻的 [就是圣灵]， 等到那拦阻的被除去。"

圣灵与敌基督的灵之间的对抗在约翰壹书 4 章 3-4 节也有清楚的描写：

"凡灵不认耶稣，就不是出于神。这是那敌基督者
的灵。你们从前听见他要来。现在已经在世上了。
小子们哪，你们是属神的，并且胜了他们。因为那
在你们里面的，比那在世界上的更大。"

敌基督的灵已经在这世上动工，为敌基督真身的出现作准备。而住在主耶稣基督门徒里面的是圣灵，祂在拦阻敌基督的出现。所以，有圣灵住在里面的门徒就起到了拦阻的作用，拦阻不法势力到达高峰和敌基督的最终出现。只有当圣灵和教会，所有的基督徒群体一起离开地上的时候，不法势力才能在没有拦阻的情况下，在敌基督里达到牠们的巅峰。

因此，我们作为基督徒在离开地上之前，籍着圣灵的大能去"战胜"敌基督的势力，并拦阻他们，既是我们的特权，又是我们的责任。

失败的后果

可见，作为世上的盐，我们基督徒有两个主要的责任。其一，因着我们还在地上，神的恩典和怜悯一直不曾断绝，

我们的同在保证了神怜悯的延续。第二，籍著我们里面圣灵的大能，我们拦阻腐败和不法事的发生，直到神命定的日子。

在履行这些职责时，教会起着拦阻的作用，阻挡撒旦试图统治全地的野心得逞。这也解释了保罗在帖撒罗尼迦后书2章3节中所说的话：

> "因为那日子以前，必有离道反教的事，并有那大罪人，就是沈沦之子，显露出来"。

"离道反教"就是背离对神的信心。只要教会站得稳，持守不妥协的信心，牠就有能力拦阻敌基督的最终彰显。撒旦自己也十分清楚这一点，所以牠的主要目的就是暗中破坏教会的信心和公义。一旦撒旦达到这个目的，那么拦阻牠目的实施的障碍也就随之挪去，牠就可以顺利地获得在灵界和政界对整个世界的统治。

假如因为我们基督徒没能完成我们的任务，撒旦的目的得逞了，那么情况会是怎样呢？耶稣自己给了我们答案。我们就成了"失了味"的盐，他在马太福音五 13 中警告我们说，对于失了味的盐，等待它的结局就是：

> "以后无用，不过丢在外面，被人践踏了"。

"无用！"这是多么严厉的谴责啊！那么接下来会怎样

呢？ 我们会被"丢在外面"，或被神拒绝。不仅如此，我们还要"被人践踏"。外邦人成了审判失了味且离道反教的教会的工具。如果我们在教会里的人不能拦阻罪恶势力，那么，我们的审判必将被交给这样的势力。

保罗在罗马书 12 章 21 节中将两种选择清楚地摆在了我们面前：

"你不可为恶所胜，反要以善胜恶 "。

这里只能有两种选择：不是你得胜，就是你被战胜。没有折中的路可走，没有第三条道可供我们选择。我们可以使用神交付给我们的善，战胜面对我们的恶势力。但如果我们不能做到这一点，那恶势力就必将反过来战胜我们。

这节经文对于那些仍然生活在自由信仰的环境中，享有任意传播和实践基督教的人是一种特殊的敦促。因为今天在许多地方，基督徒已失去了这种自由。同时，在这些地方千百万的人已被系统化地洗脑，对基督信仰和它的立场持仇恨和鄙视的态度。对于被灌输了这种思想的人，他们对那些还没有处于他们桎梏中的基督徒，定意要把他们踩在脚下，因为这才是他们最大的满足。

如果我们留心主耶稣的忠告，在这世上发挥出盐的功用，我们就有能力避免上面这种情况的发生。但如果我们没有完成我们的任务，并不得不忍受随之而来的审判，苦苦反省这一切所得的就是：这本是完全不该发生，可以避免的事！

第二章、 祭司的国度

神已赋予我们这些祂在地上的子民权柄。藉着权柄，我们可以决定国家与所在地的命运。祂要我们使用权柄来荣耀祂，也使我们自身得益处。如果没有这样行，我们就要对其产生的后果负责任。这就是圣经通过律例和实际案例告诉我们的信息。无数的信徒藉着生命经历，见证着这真理，这些见证也被载入了世界历史。在后面的几章里，我们要察考有关的具体事例，它们都是来自当今世界历史以及美国历史的具体事件。不过在本章中，我们首先要探讨这一权柄在圣经中的依据。

籍着人的口宣告神的话语

先知耶利米的经历就是绝佳的例子。在耶利米书第一章开始的十节中，神就表明他已将耶利米分别为圣，耶利米书 1 章 5 节说， 神已分派他 "作列国的先知"。然而，耶利米认为自己没有能力完成这一使命，他回答神说："我不知怎样说，因为我是年幼的。" 但神却用更强烈的语气重申祂的呼召，祂最后在耶利米书 1 章 10 节说到：

"看哪，我今日立你在列邦列国之上，为要施行拔出，拆毁，毁坏，倾覆，又要建立，栽植"。

"在列邦列国之上"，对于一个年轻人来说，这是一个多么崇高的地位！这一权柄远高于世俗的政治权力。从表面上看，耶利米随后的经历并没有显示出他拥有这一权柄。恰恰相反，他所传的道却被广泛地拒绝，他自己也不断蒙受侮辱和逼迫。他在狱中受了数月的折磨，多次由于酷刑和饥饿而濒于死亡。

然而，历史的进程却证实了耶利米的权柄和他所传之道的正确性。他传讲的预言展现了以色列的命运，也揭示了以色列周围几乎所有中东地区的国家以及世界其它地区国家的命运。二千五百年后的今天，藉着历史的大光，我们完全可以作出客观的评价。通过这么多世纪的历史来看，每个这些国家的命运都是精确地按照耶利米的预言实现了。我们拿历史和耶利米的预言进行比较，比较得越深入，就越发现其预言的准确性。所以说耶利米是名副其实地 "在列邦列国之上"，他通过传讲的预言，成了决定列国命运的实际仲裁人。

那么，这至高无上权柄的来源是哪里呢？答案就在耶利米书1章9节中：

"于是耶和华伸手按我的口，对我说，我已将当说的话传给你 "。

这一权柄来源于神的话语，神将它分赐给了耶利米。因此耶利米传讲的道不是源自他自己的，而是神传给他的，所以耶利米口中传讲的道和神自己说的道具有等同的效力。对于世上的一切事务，最后的决定权在于神。不过神有时也会借着信徒的口来传讲祂的道。可以是公开的预言，或是对圣经的权威讲解。不过更多的时候，神的道是通过信徒在私下祷告时，在祈求或代祷中传讲出来的。

我们应看到，耶利米与当时世俗的权柄有着双重的关系。从自然的角度看，他是一名犹大国的公民，受着由国王与君主代表的管治。他决不可能宣讲和国王君主对着干的话语，他也从未逃避或反对法令，尽管这些法令有时十分武断并缺乏公正。然而从属灵的角度看，神藉着先知的职分提高了耶利米的地位，使他的权柄远高过了在实际生活中管治他的人。

与基督同坐宝座

耶利米的经历说明了一个原则，这个原则在新约里得到了更充分的展现。那就是：每个基督徒都拥有双重的公民身份。从自然的角度看，基督徒属于地上某国的公民，他受到所属国所有法令与规定的约束。但是从基督徒藉着基督里的信心在灵里重生的角度看，它又是神的天国的公民。我们在上一章曾经引用过保罗在腓利比书 3 章 20 节的一段话：

"我们都是天上的国民"，这个原则就是保罗这段话的根据。

作为天上的国民，基督徒应该受到天国律法的约束，同时他也享有天国里的权柄。这就是大卫在诗篇 103 篇 19 节中所描述的天国：

> "耶和华在天上立定宝座，他的权柄统管万有 "。

神的国统管地上的万有。祂的权柄在万有之上。神也乐意将天国的权柄赐给祂的信徒。在路加福音 12 章 32 节，主耶稣应许祂的门徒：

> "你们这小群，不要惧怕，因为你们的父，乐意把
> 国赐给你们 "。

这一应许对我们的安慰并不在乎人的能力和数量的多少，因为它是针对一 " 小群 "，马太福音 10 章 16 节说他们是一群 " 进入狼群 " 的羊。天国属于我们的确据是建立在父神美善的旨意的基础上的。

以弗所书 1 章 11 节说：

> "... 这原是那位随己意行作万事的，照着他旨意所
> 预定的。"

作为基督徒，我们在神国的地位取决于我们和基督的关系。保罗在以弗所书 2 章 4-6 节中解释说：

> "然而神既有丰富的怜悯。因他爱我们的大爱，当
> 我们死在过犯中的时候，便叫我们与基督一同活过

来。（你们得救是本乎恩）他又叫我们与基督耶稣一
同复活，一同坐在天上 "。

神的恩典使我们依次在三个方面和基督等同。首先，神
叫我们 " 活过来 "，让我们分享基督的生命。第二，神叫
我们 " 复活 "， 就像基督从坟墓里复活一样，让我们分享
基督的复活。第三，神叫我们 " 坐在 " 天国里，让我们在
宝座上分享基督的王权。这三个方面都不是指将来的事，它
们作为已经发生的事都是用过去时态来描述的。它的实现不
是靠我们自身的努力和功绩，惟有当我们在信心里接受与基
督联合时，才可以完全实现。

在以弗所书 1 章 20-21 节中，保罗描绘了基督被父神高
举并拥有至高的权柄，他写到 ：

"... 使他从死里复活， 叫他在天上坐在自己的右
边， 远超过一切执政的， 掌权的， 有能的， 主治
的， 和一切有名的。..."

基督在神的右边拥有至高的权柄，并不意味着要取缔世
上一切的权力或权柄，但基督的权柄在他们一切之上。

这一真理通过启示录对基督的两个称号中也有清楚的阐
明。启示录 17 章 14 节，19 章 16 节说，耶稣基督是 ："
万王之王，万主之主 "。基督是高于一切权柄的至高统帅，
是高于一切的至高统管。这正是基督在宝座上和他的信徒分

享的地位与权柄所在。

那么，我们应如何领会我们所分享的这一权柄的重大意义呢？我们可以在前面的以弗所书 1 章 17-20 节保罗的祷告中找到答案 ：

> "... 我们主耶稣基督的神，荣耀的父，将那赐人智慧和启示的灵，赏给你们，使你们真知道他。并且照明你们心中的眼睛，使你们知道他的恩召有何等指望。他在圣徒中得到的基业，有何等丰盛的荣耀。并知道他向我们这信的人所显的能力，是何等浩大，就是照他在基督身上，所运行的大能大力，使他从死里复活，叫他在天上坐在自己的右边，..."

这段启示不可能出自天然的推论或感官的认知，它只可能来自圣灵。因为圣灵 " 照明我们心中的眼睛 "，在这里，圣灵向我们显明了两个相互交织的真理：第一，基督的权柄在万有中是至高无上的 ；第二，将基督升到如此权柄的位置上的大能，同样也在 " 我们这信的人 " 里面做工。

在哥林多前书 2 章 7-8 节中，保罗进一步解释了这两个惟有圣灵才能向基督徒显明的真理。他说到 ：

> "我们讲的，乃是从前所隐藏，神奥秘的智慧，就是神在万世以前预定使我们得荣耀的。这智慧世上

有权有位的人没有一个知道的。他们若知道，就不
把荣耀的主钉在十字架上了 "。

这 "隐藏,神奥秘的智慧 " 揭示了基督就是 " 荣耀的
主 "。它让 " 我们得荣耀 ",向我们显明在我们与基督的
联合中,我们能够分享祂的荣耀。

保罗在哥林多前书 2 章 9-10 节继续分享道 :

"如经上所记,神为爱他的人所预备的, 是眼睛未
曾看见, 耳朵未曾听见,人心也未曾想到的。只有
神藉着圣灵向我们显明了 "。

在这里,保罗再一次强调,这种智慧既不是来自人的感
官, 也不是出于人内心的推理与想象,而是由圣灵启示的。

最后,在哥林多前书二 12 节中,保罗做了如下总结 :

"我们所领受的, 并不是世上的灵,乃是从神来的
灵, 叫我们能知道神开恩赐给我们的事。"

这其中启示给我们的一件事,就是我们在位于神右边的
基督里面的地位。保罗在此对比了两种知识的来源。 " 世上
的灵 " 告诉我们这世上的事。通过这个灵,我们可以了解我
们在地上的公民权,以及它的权力和义务。然而, " 从神来
的灵 " 为我们揭示了基督的王国以及我们在其中的地位。借

着从神来的灵，我们可以明白作为天上的国民，我们的权力和义务是什么。

假如我们有时感到，我们与基督同坐宝座似乎十分遥远或不太真实，那原因很简单：我们还没有领受到圣灵借着经文给我们的启示。缺少了这一启示，我们就既不能明白也享受不到我们的天国身份所带来的益处。这样我们不但不能像国王一样去掌权，反而感到自己像奴隶一样在受苦。

从奴隶到君王

从一开始,神的目的就是要人和他一起来管理这个世界。创世记一章 26 节清楚阐明了人起初被造的目的：

> "神说，我们要照着我们的形像，按着我们的样式
> 造人，使他们 (人类) 管理 ...... 全地 "。

由于人的不顺服，亚当以及他的后代就丧失他们管理世界的地位。他们不但不能象国王那样在顺服中统管，反倒成了罪和撒旦的奴隶。

然而，整个人类由亚当而丧失的管理权却已经恢复到了基督徒的手中。罗马书 5 章 17 节说：

> "若因一人的过犯，死就因这一人作了王，何况那
> 些受洪恩又蒙所赐之义的，岂不更要因耶稣基督一

人在生命中作王吗 "。

亚当的不顺服和基督的顺服，这两种不同情况的结果已经在现今生活中得以充分的显明。死亡主宰着不信的人，而信徒却藉着基督在生命中掌权。通过我们和基督的联合，我们已经复活并和基督分享宝座，和祂一同掌权。

神对人的救赎计划及目的也反映了神造人的最初心意所在。神救赎的恩典使人脱离了奴役，并恢复了管理的地位。在旧约时期，这一点是通过神使以色列人脱离埃及人的奴役体现出来的。在出埃及记 19 章 6 节中，神向以色列人宣告了祂救赎他们的目的：

"你们要归我作祭司的国度，为圣洁的国民 "。

在这里，"祭司的国度" 说的是治理权的恢复，君尊的身份代替奴隶的身份。神赐给以色列双重的特权 ：祭司的管理权和国王的治理权。我们在随后的几章中要提到，以色列的一些伟大圣徒，例如但以理，就响应了这崇高的呼召。然而，以色列的大多数人并没有接纳神这满载恩典的应许。

到了新约时期，对于那些靠着在基督里的信心得蒙救赎的人，神重申了起先对以色列人的呼召。在彼得前书二章 5 节中，基督被称作 "圣洁的祭司"。作为新约时期的祭司，他们的职份就是"借着耶稣基督奉献神所悦纳的灵祭"。基督徒奉献的 "灵祭" 就是不同形式的祷告，特别是崇拜和代祷。接下来在彼得前书 2 章 9 节中，基督徒又进一步被称为 " 君尊的祭司 "。" 君尊的祭司 " 一词正好回应了出埃及 19 章 6 节中的 " 祭司的国度 "。

在启示录中，同样的词被两次用于那些藉着在耶稣基督里的信心得蒙救赎的人。启示录 1 章 5-6 节写到：

> "... 他爱我们，用自己的血使我们脱离罪恶。（脱离有古卷作洗去）又使我们成为国民，作他父神的祭司。..."

启示录 5 章 9-10 节再一次写到：

> "... 用自己的血 ...... 买了人来，叫他们归于神 ，又叫他们成为国民，作祭司，..."

所以，在整本圣经里，关于神要让他救赎的人成为 " 祭司的国度 " 的目的就提到了四次，一次在旧约，三次在新约。在新约提到的三次中，神的目的已经显明，被救赎的人成为祭司的国度，不是一件将来发生的事，而是我们基督徒通过在基督里的地位，已经完成的一个事实。

籍着祷告掌权

在诗篇 110 篇 1-4 节中，大卫描绘了这样一幅场景，即基督作为王和大祭司正在和祂的百姓一同掌权。场景的每个细节都是那么地意味深长，值得我们去认真地推敲。大卫所用的语言和描绘的场景都是出自神圣灵的感动，所以要解读这几节经文的含义，一定要参照圣经里其它有关的经文。

在第 1 节中，我们得到这样的启示：基督作为王正坐在父神的右边：

"耶和华对我主说：你坐在我的右边，等我使你仇敌作你的脚凳。"

这节经文是新约中引用次数最多的旧约经文。在四福音书的三卷中，马太福音 22 章 44 节，马可福音 12 章 36 节，路加福音 20 章 42-43 节都分别记载了耶稣引用大卫的这段话，并用它来指向自己。使徒行传二 34-35 又记载彼得在五旬节那天的布道中也同样引用了这段话来说耶稣。大卫在诗篇 2 章 6 节也同样提到了基督为王的真理，父神在此宣告：

"我已经立我的君在锡安我的圣山上了"。

在诗篇 110 章 4 节中，大卫通过对基督作为祭司的启示完成了这幅场景的描绘：

"耶和华起了誓，决不后悔，说，你是照着麦基洗德的等次，永远为祭司"。

从使徒书信到希伯来书，其中有关基督作为大祭司的全部教导都是以诗篇 110 篇的这节经文为基础的。希伯来书的作者在希伯来书 7 章 1-2 节强调，麦基洗德的身上结合了国王和祭司这两种身份，他是 " 至高神的祭司 "。另外，根据他名字的意思，他又是 " 仁义王，他又名撒冷王，就是平安王的意思 "。

这就是基督在父神右边的双重职份。作为王，他是主宰者，作为祭司，他又是我们的代祷者，希伯来书 7 章 25 节告诉我们：

" 他是长远活着，替他们祈求 "。

在第 2 节中，诗篇描写了基督如何运用王权：

" 耶和华必使你从锡安伸出能力的杖来，你要在你仇敌中掌权 "。

这就是当今世界的情形，基督的仇敌还没有最终被制服，牠们仍活动频繁，企图抵抗基督的权柄和牠的国度。但是，基督已被高举，并拥有至高的权柄，牠已在 " 仇敌中掌权 "。

大卫所说的 " 能力的杖 "（诗篇 110:10），就是基督主宰的权柄。

" 杖 " 在圣经里象征主宰者的权柄。当摩西伸出他手中的杖，神的震怒就降临在埃及人身上，红海的水就为以色列人分开（出埃及记 7-14）。作为利未支派的大祭司和首领，亚伦也有这样一根杖，杖上并刻有他的名字（利未记 17:3）。这同样也适用在基督身上。藉着祂的名，基督的权柄就完全彰显。

在大卫描绘的场景中，能力的杖并不是由基督自己的手中伸出来的，而是 "从锡安" 伸出来的。在整本圣经中，锡安一直是神的儿女聚集地的标志。希伯来的作者说，

"你们乃是来到锡安山……，有名录在天上诸长子
之会所共聚的总会 ……" （希伯来书 12:22-23）

借着我们在天上的公民权，我们在这个锡安的聚集中也占有一席之位。

在这里我们拥有在基督里的双重职份。作为王，我们和他一起掌权；作为祭司，我们分享他祈求和代祷的职分。我们千万不可试图将这两个职分的功用彼此分开。如果我们要作王掌权，我们就也要作祭司服事。做好祭司的职分是我们运用王权的基础，只有通过祈求和代祷，我们才能奉耶稣的名使用我们的权柄。

大卫描绘的场景充分说明了教会祷告职分的重要性。当今的世界，恶势力正在到处肆虐，抵抗基督的权柄和阻挡祂的国的工作。然而，基督徒却在仇敌之中按照神的次序以王

和祭司的身份聚集在一起。基督权柄的杖从基督徒的聚集中藉着他们的祷告而" 伸出 "，并奉基督的名而运行。基督的杖已伸向多个方向，使恶势力不得不降服，基督因此得高举，祂的国也得以壮大。

所有的基督徒都盼望这一天，基督的仇敌最终要被彻底制服，基督将公开彰显，世人都要承认祂是王。圣经已应许这一天将要来到，但我们千万不要因为这将来荣耀的应许而看不到基督目前在神右边的位置这个现实。基督现在已经 " 在仇敌中 " 掌权，而我们正在和祂一起掌权。我们有义务借着基督的名运用这权柄，并面对所有的恶势力，向牠们彰显基督已经是 " 万王之王，万主之主 "。

第三章、为君王祷告

基督是"万王之王，万主之主"。祂是地上一切的元首，是世上万国的最高督管。祂有治理万国的权柄，同样，由地上所有基督徒组成的教会，奉祂的名也因此拥有同样的权柄。正像摩西代表神向埃及伸出他的杖一样，教会藉着祷告，也可以向这世上的万国运用基督的权柄。

好君王符合神的心意

在保罗给提摩太的第一封书信里，他教导提摩太要正确地管理被他称作神的家的地方教会（参提摩太前书 3：14-15）。保罗还在教导教会如何祷告时，在提摩太前书中如此说：

> "我劝你第一要为万人恳求祷告，代求，祝福。为君王和一切在位的也该如此。使我们可以敬虔端正，平安无事的度日。这是好的，在神我们救主面前可蒙悦讷。他愿意万人得救，明白真道"。（提摩太前书 2:1-4）

"第一"，保罗号召我们要"恳求、祷告、代求、祝福"。如果我们要选择用一个词来涵括所有这四个方面的内容，这个词一定是祷告。基督徒相交聚会的第一个任务就是祷告。这也是他们事奉的主要内容。

在第 2 节中，保罗说要为 " 万人 " 祷告。这也符合神在以赛亚书 56 章 7 节所说的预言 ：

" ... 因我的殿必称为万民祷告的殿！ "

神所关心的是 " 万人 " 和 " 万民 "。祂也要祂的儿女分担祂对万民这份关爱的迫切。然而许多所谓的基督徒却只作狭隘的、以自我为中心的祷告。有的人对教会中一般成员的祷告作了如下的讥讽模仿 ：" 神啊！保佑我、我的妻子、我的儿子或他的妻子，就我们四人，没有别人。阿们！"

在 " 万人 " 之后，祷告的第一个具体主题就是 " 君王和一切在位的 "。象美国这样的国家，它不属于君主立宪的国家，所以它没有 " 君王 "。但对于任何国家，无论你属不属于君主国，" 一切在位的 " 指的是所有那些负责国家治理的人。这也可以概括成一个词-君王。

因此，神命定祂的儿女把君王作为相交聚会时祷告的第一个特别的主题。多年的经验让我相信，大量号称是基督徒的人在祷告中从来就没有认真地考虑过这一主题。他们不仅没有 " 首先 " 为君王祷告，而且从来没有为君王祷告过。他们通常都是为下面这些群体祷告，如有病的、孤独的、讲道的、传教的、传福音的、未信的人，甚至任何事和每个人，惟独没有为神放在首位的群体，即君王祷告。可以毫不夸张地说，许多声称已委身给主的基督徒，他们一周连一次认真地为他们国家君王的祷告都没有。

那么，当我们为君王祷告时，我们应具体祈求什么呢？在提摩太前书二2章2节中，保罗回答说：

"使我们可以敬虔、端正，平安无事地度日"。

我们所在地的君王会影响我们的生活方式吗？当然会影响。所以，如果我们希望有一个良好的生活方式，不管从逻辑上还是从我们自身的利益方面来看，我们都应该好好为君王祷告。

这让我回想起当年我递交美国入籍申请的事来。和所有的申请人一样，当时我被要求学习美国宪法的基本准则和撰写目的。当我在默想时，我问我自己：宪法最初撰写的真正目的究竟是什么？结论可以用保罗上述的话准确的诠释：

"使我们可以敬虔、端正，平安无事地度日"。

编写宪法的目的就是让每个公民在不干涉其他公民的前提下，可以自由地追求自己的合法权益。大多数起草宪法的人都认为，要达到这一目的，只有在全能的神完全的保守和祝福下才可以。美国的基督徒公民应该永远怀着一颗感激的心，因为他们国家的基本宪法是严格按照圣经所要求的宗旨和原则编写的。

在提摩太前书 2 章 3 节中，保罗继续说：

"这是好的，在神我们救主面前可蒙悦讷"。

代名词 "这" 指的是第 2 节中的主题，即我们所概括的 "好的君王"。如果我们将代名词所指的意思写出来的话，那我们就得到了下面这个结论："好君王是合宜的，是在神面前可蒙悦纳"。再简略一些说就是："好的君王符合神的旨意"。

这个结论具有极其深远的重要意义，问题在于我们是否真正承认它。从许多基督徒的言语行为来看，他们几乎或根本没有去期望有一个好的君王。他们或多或少会听任一些事实，觉得一些机构总是低效率、浪费、独断专行、腐败以及不公正。就我个人而言，根据常理和圣经的原则，我对这个问题进行了长期仔细的研究，对于神在这方面的旨意我深信不移，那就是，神的旨意要求有好的君王。

为什么神要求要有好的君王

当我们继续看提摩太前书 2 章 4 节时，我们会发现保罗阐述了为什么好的君王符合神的旨意的理由：

"又愿意万人得救，明白真理。"

神愿意所有的人都得到救恩，为此祂甚至做出了人类历史上最大的牺牲，让耶稣基督在十字架上为人类赎罪而死。借着对基督救赎的信心，我们每个人都能得到救恩。然而，人要 "得救"，就必须首先 "明白真道"，即基督救赎的道理。要使人明白真道，唯有向他们传福音，才可行之有效。

保罗在罗马书 10 章 13-14 节中简单明了地阐述了这个问题：

"因为凡求告主名的，就必得救。然而人未曾信他，怎能求他呢。未曾听见他，怎能信他呢。没有传道的，怎能听见呢 "。

只有当人听见了福音，他才能获得基督受死带来的救恩。

我们可以就这个问题进行一个很简单的推理。神愿意 "万人得救"。因此人必须 "明白真道"。要使人 "明白真道"，唯有传福音才行。所以神愿意福音传遍万民万邦。

现在剩下的只是找出好的君王和传福音之间的联系。我们可以先问自己一个简单的问题：什么样的君王对传福音有利？好的君王还是坏的君王？要回答这个问题，我们可以概括地对比一下好的和坏的君王各自对传福音会有什么影响。

好的君王会维持国家的法律和良好的秩序，保持通讯畅通，保护公民应有的自由权，维护言论自由和聚会自由。（值得注意的是，美国的宪法几乎包含了所有这些方面。）总之，好的君王不参与宗教争议，它所提出的环境可以让福音有效地传播。

坏的君王纵容法律与秩序被践踏和破坏的现象，对民用基础设施不加管理和维护，对国民强行实施不公正和武断的限制。坏的君王在所有这些方面，尽管有程度上的不同，都阻碍了真理的有效传播。

故此我们可以得出结论：好君王利于福音的传播，而坏君王却给福音传播带来阻碍。由此可见，好君王是神的心意

现在，我们将提摩太前书 2 章 1-4 节的教导按逻辑顺序简单小结如下 ：

1·信徒团契聚会中，信徒的第一个职分和事奉内容就是祷告。

2·祷告的第一个具体题目就是为君王祷告。

3·我们要为拥有好的君王而祷告。

4·神愿意通过福音的传播使万民明白真理。

5·好的君王促进福音的传播，而坏的君王则阻碍福音的传播。

6·因此，好的君王符合神的旨意。

按神的旨意去祷告

上面小结的最后一点对我们祷告具有极其深远的意义。

对于有效的祷告，关键问题就是要明白神的旨意。如果我们知道我们是根据神的旨意祷告，我们就凭信心去祈求。如果我们不能确认神的旨意，我们的祷告就会疑惑不定而没有果效。在雅各书 1 章 6-7 节中，雅各警告我们说，这种疑惑不定的祷告是不会被应允的：

"... 因为那疑惑的人，就像海中的波浪，被风吹动翻腾。这样的人，不要想从主那里得什么 "。

另一方面，约翰在约翰壹书 5 章 14-15 节中告诉我们，我们祷告的信心来自明白神的旨意：

" 我们若照他的旨意求什么，他就听我们。这是我们向他所存坦然无惧的心。既然知道他听我们一切所求的，就知道我们所求于他的无不得着 "。

约翰在这段经文中的教导都是围绕着明白神的旨意说的。如果我们知道我们完全是照着神的旨意在祷告，我们就会知道，无论我们求什么，" 无不得着 "。虽然 " 无不得着 " 用的是现在时态，但这并不意味著我们所求的事立刻会实现，它所意味的是我们能立刻得到神应许我们祷告的确据。因此，尽管有些祷告需要一些时间才能看到结果的显明，但这并不影响我们一开始就得着祷告的确据。

这一点和马可福音十一章 24 节中的教导也是相符的：

"所以我告诉你们，凡你们祷告祈求的，无论是什么，只要信是得着的，就必得着"。

其实在我们祷告的同时我们已经得到了。只是我们得到的要在恰当的时候才会真正显明。

根据这一教导，我们也可以将用在提摩太前书 2 章 1-4 节中的逻辑分析法用于约翰壹书 5 章 14-15 节。我们可以把约翰的这些经节小结如下：

1·如果我们知道我们是照着神的旨意在祷告，我们就知道他一定会垂听。

2·如果我们知道神垂听了我们的祷告，我们就知道我们已得到了所祈求的。

（但这并不一定意味著我们祈求的事会立刻实现。）

要想充分了解我们籍著祷告能为我们的君王做些什么的话，我们就需要将约翰和保罗的教导结合起来。其结果如下：

1·如果我们为任何符合神旨意的事祷告祈求，我们就有了得到这件事的确据。

2·好的君王符合神的旨意。

3·如果我们知道了这一点，并为得到好的君王而祷告，我们就有了得到好的君王的确据。

但是，为什么多数基督徒没有好的君王的确据呢？原因只可能有两种：一种是他们根本就不为得到好的君王而祷告；另一种是他们虽然为此而祷告，但他们不知道这件事是否符合神的旨意。

上面从圣经中总结出来的结论也在我个人的观察中得到了证实。绝大多数基督徒从来没有认真地为得到好的君王而祷告。即使少数基督徒为此而祷告，也几乎没有什么人得着从圣经里而来的确据这是神的旨意。然而，不管是在哪种情况下，基于哪一种解释，结论是不变的：神已经使基督徒可以藉着祷告，得到好君王的确据。基督徒如果没有运用好这一神赐的权柄，就是对神和他们的国家一种严重的失职。

神赋予基督徒的职责，不是让他们批评君王，而是要他们为君王祷告。既然基督徒没有为君王祷告，那么他们有什么权力批评君王呢？实际上，多数人对于他们世俗的职责比基督徒对于属灵的职责还要忠心。更进一步说，如果基督徒开始认真地为君王代求，他们对君王的批评也会立刻减少。

我相信对于大多数基督徒来说，问题的根源不是他们缺少美好的愿望，而是缺乏对神的了解。所以让我们首先清晰地认定这样一个事实：

好的君王符合神的旨意。这就会使基督徒拥有了信心的基石，更清晰有效地为他们的君王祷告。

第四章、君王是神的代言人

从政的人，和许多其它领域里的人一样，都在不断地努力，寻求职务的晋升。然而却很少有人认真地问：晋升来自哪里？是什么力量将人提升，执掌权柄，又是什么力量挪移人的权柄，将人降卑？

晋升来自于神

在诗篇 75 章中，圣经对这个问题作了直截了当的回答：

"我劝狂傲的人说："不要行事狂傲。"对凶恶人说："不要举角！不要把你们的角高举；不要挺着颈项说话。"因为高举非从东，非从西，也非南而来。唯有神断定；他使这人降卑，他使那人升高"。

诗篇的作者警告我们不要过分自信和狂傲。"举角"意味着一种自我夸大的欲望。"挺着颈项说话"象征着自吹自擂，独断专行的性格。这些都不是得着晋升的方式。事实上，晋升本身并非来自属世的层面。我们可以把上述经文中东西南三个方向看作是人们寻求政治权势的不同方面：比如财富、知识、社会地位、有权势关系以及军事权力。如果人们想通过对这些方面的追求而抬高自我，那真是＂行事狂傲＂了。晋升来自神，只有祂才使人提升和降卑。

唯一主宰

到目前为止，美国四十一位曾就任总统职权的记载就证实，权力的源头是在施权人的能力之外的。已故总统约翰·肯尼迪所写的一段话充分地例证了这一点：

对国家管理的深入了解确认了我们历史的教训，即做总统的没有一种固定职业培训计划；也没有一个具体的知识领域与此有特别的关联。伟大领导人的品质并非来自国家或社会的某个特殊阶层。我们当中的九位总统，有的极擅长办公事务，但却并没有上过大学。也有受过高等教育，例如汤姆士·杰斐逊是当代伟大的学者之一，伍德罗·威尔逊总统曾当过普林斯顿大学的校长。除此之外，我们还有做过律师、士兵和教师的总统，还有一位曾经是工程师，另一位曾经是记者。他们有的出自国家最富有、最显赫的家族，有的却来自贫穷无名的家庭。有的似乎天生就具有超凡的能力和优秀的品质，却应付不了日常的公务，而有的却远比想象的要显赫超群。

如果我们回头看以色列诸王的记载，就会发现没有一位国王比大卫更显赫。起初他虽是贫穷的牧童，后来却在凯旋和荣誉中成了大国的君王。不像其他追求权势的人，大卫明白他成功的缘由所在。在他生命快要结束的时候，他向神祷告，将自己的荣誉全部归于了神：

> "丰富尊荣都从你而来，你也治理万物。在你
> 手里有大能大力，使人尊大强盛都出于你 "。
> （历代志上 29:12）

能够承认自己权力真正来源的君王一定是一位既有智慧又快乐的人！

但以理是圣经中另一个伟大人物，他也发现了政治权力的真正来源在哪里。尼布甲尼撒王曾威逼但以理和他的同伴将他做的梦和梦的讲解告诉他，他们就恳切祷告神，并籍着神的直接启示得到了他们想要知道的。后来，但以理就在祷告中感激和称谢神：

> "... 神的名是应当称颂的。从亘古直到永远，因为
> 智慧能力都属乎他。他改变时候，日期，废王，立
> 王，将智慧赐与智慧人，将知识赐与聪明人 "。
> （但以理书 2:20-21）

在但以理书第四章中，这位先知被再一次要求去讲解尼布甲尼撒王的梦。关于这个梦但以理告诉王说：

> "这是守望者所发的命，圣者所出的令，好叫世

人知道至高者在人的国中掌权，要将国赐与谁就赐与谁，或立极卑微的人执掌国权 "。（但以理书 4:17）

神要人知道他才是人间事务的最高主宰，地上掌权的没有一个不是祂所命定的。不仅如此，神有时还会将 " 极卑微的人 " 立为君王。

神如何使用人间的君王

神为什么要立 " 卑微的人 " 作君王呢？从尼布甲尼撒的事例中可以找到问题的答案。神会利用地上的君王，让他们成为对他儿女进行审判的工具。犹太国由于信仰上的败退和社会上的不公义，不断地得罪神。在多次警告之后，神就给他们立了一位凶残和崇拜偶像的尼布甲尼撒王。尼布甲尼撒王对犹太国进行了一系列一次比一次更严重的审判 ：他首先将许多犹太人像囚犯一样赶到了巴比伦，并对整个国家课以贡赋。最后，他摧毁了耶路撒冷城和圣殿，把犹太人赶出了家园。尽管尼布甲尼撒是个卑劣的人， 但他仍然成了神的工具，将审判降临到悖逆、反叛的犹太国。

不过，尼布甲尼撒又例证了神的恩典和大能，怎样把一个人从审判的工具变为一个怜悯的器皿。当但以理和他的同伴向神恳切祷告时，神就改变了尼布甲尼撒的心。由于神赐给但以理特别的智慧，从而使尼布甲尼撒王将他及其同伴升到了最高的权力位置。但以理的三个同伴成了巴比伦的郡主，但以理本人也做了整个巴比伦帝国的宰相，权力地位仅次于尼布甲尼撒王。因此，通过但以理及其同伴的恳切祷告，不但让尼布甲尼撒王的心有了改变，也使犹太人的地位有所改善。

和大卫一样，但以理的经历是一个典型的例子，它证明了神能够将一个地位卑贱的人升至拥有极高政治权力的统帅。最初年轻的但以理被当作以色列国家的人质带到巴比伦的，然而就在短暂的时间里，他已被提升到宰相的地位。即使在巴比伦帝国衰亡以后，在由大利乌和塞鲁士统治的玛代波斯帝国中，我们仍能发现但以理占据着具有极高声望和权威的位置。

我们在但以理书第六章中可以略见他的祷告生活。其中的故事表明，但以理经常祷告的习惯已在大利乌的王宫里人尽皆知。出于嫉妒，但以理的仇敌就抓住他这个把柄来控告他。他们说服大利乌王立了一条禁令，即在之后的三十日内，任何人不能向大利乌以外的神或人祷告。对违令者的惩罚就是将他扔在狮子坑中让狮子咬死。

但是，但以理是如何用行动来回答这一禁令的呢？请看但以理书 6 章 10 节的记载：

"但以理知道这禁令盖了玉玺，就到自己家里(他楼

上的窗户开向耶路撒冷），一日三次，双膝跪在他神
面前，祷告感谢，与素常一样"。

但以理对所有效仿他的人在代求的职分上树立了一个出
色的榜样。他的执着与祷告的恒切是多么令人注目！但以理
面向耶路撒冷每日三次祷告，为的是圣城的复兴，为的是流
亡的以色列人能够回到自己的家园。他为了他的民族不断地
代求，这是一种庄严迫切的个人委身，连死的威胁都不能阻
挡他。

但以理代求的结果被记载在历代志中：

> "波斯王古列元年，耶和华为要应验藉耶利米口所
> 说的话，就激动波斯王塞鲁士的心，使他下诏通告
> 全国，说，波斯王古列如此说，耶和华天上的神已
> 将天下万国赐给我，又嘱咐我在犹大的耶路撒冷
> 为他建造殿宇。你们中间凡作他子民的，可以上
> 去，..."（历代志下 36:22-23）

借此，神实现了祂借以赛亚和耶利米发出的复兴以色列
的应许。神籍着以赛亚发出的应许记载于以赛亚书 44 章 26-
28 节，而在耶利米书 25 章 12 节，我们可以看到神籍着耶
利米发出的应许。

实际上，这是一个非常清楚的例子，神可以为了祂子民
的利益，而改变地上的情形。一方面，神将审判降临到巴比

伦和他的百姓身上，因为他们阻碍犹太人返回耶路撒冷并重建圣殿。（巴比伦王在这里指的是尼布甲尼撒的接班人。）另一方面，神又在他们中兴起了塞鲁士王和玛代 - 波斯帝国，使他们成了怜悯的复兴犹太人和耶路撒冷的器皿。

在这些改变世界帝国进程的事件背后，有两个看不见的属灵势力在其中运作：其一是神藉着他的先知所传讲的道，其二则是但以理的代求祷告。

神使用尼布甲尼撒和塞鲁士，将其作为手中的工具来惩治和祝福犹太国，从上述事例中我们可以总结出以下的重要属灵原则：

1·神使用地上的君王作为器皿来完成祂在历史中的旨意，特别是当他们和与神立约的选民有关联的时候。

2·如果神的儿女不顺服和悖逆他的时候，神就会把他们交给凶残邪恶的君王。

3·如果神的儿女通过悔改和祷告请求神的怜悯，他就会选择两种方式之一来改变他们的君王：一种是以良善的君王来代替那邪恶的；另一种是改变那凶残君王的心，从而让他们成为怜悯的器皿，而不是审判的器皿。

为着你们的益处

这些从旧约历史事件中总结出来的原则，在新约对基督徒的教导中也得到了确认。在哥林多后书 4 章 15 节中，保罗就说：

"凡事都是为你们。"

神对整个世界所行的事都有一个至高目的，那就是：在那些因信耶稣基督成为袍儿女的人身上成就袍的旨意。神对袍的儿女已经做了一个无所不包的应许："凡事都是为你们"。

在罗马书中，保罗也把这一原则具体应用在有权柄的人身上：

"在上有权柄的，人人当顺服他。因为没有权柄不是出于神的。凡掌权的都是神所命的。所以抗拒掌权的，就是抗拒神的命。抗拒的必自取刑罚。作官的原不是叫行善的惧怕，乃是叫作恶的惧怕。你愿意不惧怕掌权的吗。你只要行善，就可得他的称赞。因为他是神的用人，是与你有益的。你若作恶，却当惧怕。因为他不是空空的佩剑。他是神的用人，是伸冤的，刑罚那作恶的。所以你们必须顺服，不但是因为刑罚，也是因为良心"。（罗马书13：1-5)

从这段经文中，我们可以选出三句特别重要的话："没有权柄不是出于神的。""他们是神的用人，是伸冤的，"

或作 " 他们是神的用人，刑罚那作恶的 "。保罗的这些话都是特别说给基督徒听的。他告诉我们，君王的建立都是出于神。君王会对基督徒作出怎样的影响，是由基督徒自身的态度和行为决定的。如果我们顺服神的旨意，那么君王的作为是 " 神的用人，是伸冤的 "。但如果基督徒不顺服神的旨意，那君王的作为是 " 神的用人，刑罚那作恶的 "。这一点概括成一句话就是：基督徒会得着怎样的君王，取决于他们自己。

如果基督徒发现他们的王就像旧约的耶罗波安王一样，存在各种问题，在这种情况下基督徒应如何面对呢？神的话告诉我们，既不要抱怨，也不要违抗。然而，神却赋予我们基督徒一个庄严的任务：为我们的君王祷告。如果我们能在神面前谦卑自己，并听从神的话，他一定会垂听我们的祷告，并 " 为我们 " 而改变君王，使他的旨意得以成就，使他们儿女得到最大的益处。

神对君王的要求

现在我们来看神对君王的要求。正因为基督徒有能力借祷告来决定他们会有什么样的君王，所以如何为君王祷告对我们来说至关重要。那么神对执政的有什么主要要求呢？在撒母耳记下中，圣灵通过大卫的口为我们回答了这个问题：

"耶和华的灵藉着我说,他的话在我口中。以色列的神,以色列的磐石晓谕我说,那以公义治理人民的,敬畏神执掌权柄,他必像日出的晨光,如无云的清晨,雨后的晴光,使地发生嫩草"。(撒母耳记下23:2-4)

这里提出了神对君王两个明确的要求:他必须公义,他必须敬畏神执掌权柄。毫无疑问这是基督国度的预表,这些话只有在基督里才能得到最终完全的实现。不过,这一总的原则已经牢固地建立,它适用于每一个执政的人。神的两个要求就是,他一定要公义和敬畏神。这样的人一旦被立为君王,神应许要给他极大的祝福:"他必像日出的晨光,如无云的清晨,雨后的晴光,使地发生嫩草"。

神的要求如此简洁,大大简化了我们当今政界中所熟悉的种种动机和压力。在美国和英国,两党制已根深蒂固。在美国有民主党和共和党,在英国有工党和保守党。两国间所用的名称虽然不同,但基本观念却类似。

不幸的是,这两个国家的基督徒却常常使自己更易于受到对某政党的感情或隶属的影响,而不是去考虑神的要求。神应许祝福一个国家是它的君王必须达到两个最基本的道德标准。神要求他们要公义并敬畏神。

尤其在美国,基督徒在整个人口中占有很高的比率,他们的数量足以有能力对当政的人选是什么类别的人施加有力的影响。这一点早在十九世纪就由伟大的传道人查尔斯·芬尼（Charles Finney）首先指出了。所有不同背景的基督徒都应赞同一个基本原则，不要投票给任何不符合圣经奠立的道德标准的人选。如果这个原则被明确的建立，并被坚定持守的话，其结果就会在全国范围内提高各方面管理的标准。

第五章、祷告与历史的见证

祷告对我来说，它塑造历史的大能已不只是一种抽象的神学概念。我有很多亲身经历的见证，可以证明祷告带来的属天大能，塑造和改变着历史。在这一章中，我将要向大家讲述四个有关的见证实例。为了有效地证明我的论点，我所选择的这些见证实例，所涉及的场景都选自不同的国家，并且政治背景迥异。

北非战争

从 1941 年到 1943 年，我作为英军的医务人员在北非工作。当时我属于一个小型的医疗机构，它服务于英军的两个装甲师 - 第一和第七装甲师。第七装甲师在北非战场作战出色卓越，以 "沙漠之鼠" 而闻名于世。（译注："沙漠之鼠"实为一种北非的跳鼠，因第七装甲师有其标志而得名。）

当时，处在沙漠战场中的英军士气非常低落。其根本问题是士兵们对他们的长官毫无信心。我自己本身也出生于军官家庭，许多像我这个年龄的朋友都有着相同的成长背景。在那时候，我已经有了自己独立判断事物的价值标准。我认为，作为一个团队，那时身处沙漠中的长官们的确十分自私，毫无责任感，并且纪律涣散。他们关注的焦点不是士兵们的健康，甚至也不是战争的胜负，而是他们自己身体的舒适与否。

　　我记得当时有个长官得了痢疾，要送往开罗的一所后方医院。为了去开罗，他要求用一辆有四个铺位的救护车送他，还要一辆1.5吨位的卡车运送他的用具和个人物品。要知道当时我们不断地被提醒，卡车和汽油已属奇缺物品，要竭尽所能地节约使用。后来，这位长官又从开罗被送回英国（说实话，仅发作了一次疟疾就这么大张旗鼓实在没有必要！）。数月后，我们从英国转播的无线电广播中听到了他极富感染力的讲话。他在广播中对在沙漠上作战的艰苦卓绝作了极其生动的描述！

　　在那段时期，我们最大的艰难就是水资源缺乏。鉴于此，对水的供应采取了严格的配给制。我们的军用水壶只能隔一天灌一次。而这就是我们的全部用水 ---- 包括洗漱、剃须、饮用、做饭等等。然而，我们的长官们却在他们的食堂里恣意耗费，仅每晚伴随喝威士忌所消费的水，就比配给普通士兵的总用水量还多。

　　这一切所造成的后果，就是英军有史以来最长战线的大撤退-总长约为七百英里 - 从特里波利的阿吉拉撤到阿拉曼。在那里，英军掩壕固守，准备作最后的反击。一旦阿拉曼失守，那么就为轴心国控制埃及，切断苏伊士运河和进入巴勒斯坦打通了道路。如果真这样，那里的犹太人就会再次遭遇悲惨，就象他们在纳粹控制的欧洲国家里所遭受的一样，再次被践踏在纳粹的铁蹄之下。

　　大约在这之前十八个月左右，在英国的英军士兵营里，主耶稣基督赐给我一个非常惊人和强烈的启示，使我亲身经历了神大能的实在。在沙漠中，我没有教堂或牧师为我们提供团契或帮助。我只好依靠神为我们每一个基督徒提供的两个最基本的供应：圣经和圣灵。我很早就从新约的教导中看到，禁食是基督徒自我属灵操练的一部分。在我呆在沙漠的整个期间，我都把每周三当作为禁食和祷告的特别日子。

　　在英军撤往开罗门户地区的那段漫长且令人沮丧的时间内，神在我心里给了一种很重的负担，要我不但为沙漠中的英军祷告，也要为整个中东地区的局势祷告。然而，我却看不到神将会如何赐福给那些既不配，又不称职的指挥官们。我在心中寻思着应该怎样祷告，才能祷告得情真意切满有信心，又能针对局势的特殊具体需要。后来，似乎圣灵启示我，让我这样来为时局祷告："主啊！为了祢的荣耀，求祢赐给我们合祢心意的军事领袖，使祢能籍着他们让我们得胜。"

　　我每天不断地做着这样的祷告。终于，英国作出决定，派另一个人来接替在沙漠中的英军指挥官。他们挑选的这个人原来是一名上将，被称为"轰炸机"哥特。不幸的是，他却在飞往开罗接替指挥职位的途中因座机被击落而身亡！在此千钧一发的危急关头，英军在这北非主战场上却没有一名指挥官。当时，英国首相温斯顿·邱吉尔亲自出马处理此事。他任命了一位不太出名，名叫蒙哥马利的军官为指挥官，并让他急速飞离英国，前往北非沙漠就任。

蒙哥马利是一位福音圣公会主教的儿子。他是一个完全符合神要求的人，既公义又敬畏神，同时也是一位极其律己的人。仅两个月的时间，他就将一套全新的纪律观念灌输给了他手下的官长们，并从此恢复了士兵们对上级的信心。

后来阿拉曼的主战役结束了。这是到当时为止，盟军在整场战争中赢得的第一个主要胜利。它最终阻止了轴心国对埃及、苏伊士运河以及巴勒斯坦的威胁，使战争的进程向着有利于盟军的方向发展。毫无疑问，阿拉曼战役成了北非战场的转折点。

战役结束后两至三天，我发现自己在沙漠中比前行的盟军落后了几英里。这时，在我身旁的军用卡车的后挡板上挂着一部小型的便携式收音机，它正在转播一位时事评论员的叙述，他在战役发生的前夜正好在蒙哥马利的指挥部，并亲眼目睹了当时发生的情况。他回忆起蒙哥马利当时公开地号召他手下的军官和士兵要为战役祷告，并说到："让我们祈求主，万军之耶和华赐我们胜利。"当这些话从那台收音机里传出来的时候，神清楚地对我的灵说："那就是我对你祷告的应允。"

这件事充分证实了诗篇 78 章 6-7 节中所论述的提升的真理。英国挑选了哥特作指挥官，但是神却奇妙地撤掉了他并兴起了蒙特玛利，一名神亲自拣选的人。神这样做不仅荣耀了祂的名，同时也应允了我的祷告 ---- 神籍着圣灵当初感动我所做的祷告。籍着这一代祷，神还保护了巴勒斯坦的犹太人免遭轴心国势力的控制。

我相信神在那时赐给我的祷告也完全适用于今天的军事场合："主啊！为了祢的荣耀，求祢赐给我们合祢心意的领袖，使祢能籍着他们让我们得胜。"

以色列国的诞生

1947年期间，巴勒斯坦的前途被提到了联合国大会的议题上来。当时英国仍然管理着这个国家，它是在第一次世界大战刚结束不久受国联委托实行管理的。1948 年 11 月 29 日，联合国投票决定将该国一分为二，分给独立的犹太国一小块地区，国家的其余部分给阿拉伯人，耶路撒冷全城由国际控制。英国管理该国的终止日以及巴勒斯坦新政治秩序的起始日被定在 1948 年 5 月 14 日。

就在联合国赞成将巴勒斯坦一分为二的决定公布后非常短的时间，几乎是同一时刻，该国的阿拉伯人在来自周围的阿拉伯国家渗入者的帮助和唆使下，着手对他们中间的犹太社区进行不公开的宣战。该国的几个主要地区实际上已被武装的阿拉伯团体所占领，处于类似无政府管辖的状态之下。到 1948 年初期，耶路撒冷城里的犹太人已经被围困。他们几乎被完全切断了食物和其它商品的供应，处于一种接近饥荒，弹尽粮绝的状态。

就在新犹太国 --- 以色列成立的当天，周围所有的阿拉伯国家都同时向它宣战。当时犹太人约有六十五万，仅拥有最基本的武器设备，没有正式的军队，但他们却要面对每一个边界，对他们虎视眈眈，仇恨有加的阿拉伯世界。当时阿拉伯人多达五千万，还自吹拥有训练有素的精锐部队和丰足的武器供应。阿拉伯国家的首领们公开地宣称，他们要彻底毁灭新生的犹太国，并将犹太人扫灭到海里去。

在此期间，我妻子莉迪亚和我以及我们领养的八个女儿正住在耶路撒冷犹太人居住区的中央。我们所住的那个大房子正好在城市一个主要十字路口的东南角。这个路口的一条街叫乔治王大街，另一条街向东通向老城的雅法大门。莉迪亚在过去的二十年间一直居住在耶路撒冷城内或近郊。她亲眼目睹了阿拉伯人和犹太人在这个地区的一系列早期冲突。她也记得，犹太人长期以来一直在一种缺乏武装、缺少准备的状态下抵抗着阿拉伯人的攻击。而在当前的紧要关头，似乎阿拉伯人对犹太人的优势比以往任何时候都大得多，战败的后果简直不堪设想。

于是，莉迪亚和我就在一起，从圣经中寻找来自神话语的激励和启示指引。我们一天比一天更加坚信，我们生活的这个年代正是以色列回归的日子，这也是他们的先知和领袖在漫长的痛苦与流亡生活中盼望好几个世纪的日子，正如诗篇 102 章 12-13 节所说：

"惟你耶和华必存到永远，... 你必起来怜恤锡安，
因现在是可怜她的时候。日期已经到了 "。

我们认识到我们眼前所看到的正是神对以色列的应许的
实现，以赛亚书 43 章 5-6 说 ：

"不要害怕，因我与你同在。我必领你的后裔从东
方来，又从西方招聚你。我要对北方说，交出来。
对南方说，不要拘留。将我的众子从远方带来，将
我的众女从地极领回，"。

圣经中的这些以及其它地方的经文使我们确信，犹太人
回归他们的国土完全是在成就神那至高无上的旨意。如果神
的旨意是要复兴以色列，那么他就不会让犹太人被赶逐出去
或被毁灭。这就让我们有了信心为以色列的解救而祷告，这
一信心的基础不是建立在民族主义的偏见上，而是建立在圣
经对神旨意的启示上。

当圣灵就神的这个旨意让莉迪亚和我合一祷告的时候，
我们的祷告正好符合马太福音 18 章 19 节所说的条件 ：

"我又告诉你们，若是你们中间有两个人在地上，
同心合意的求什么事，我在天上的父，必为他们成
全 "。

有一天当我们在一起祷告时，我听见莉迪亚做了这样一句简短的祷告："主啊，求你让阿拉伯人都瘫痪吧！"

当全面的战斗在耶路撒冷爆发的时候，我们的房子只离前线还不到四分之一英里，前线就在老城的西城墙一带。在战斗开始的六周里，我们算了一下，大约有 150 块小格子窗玻璃被子弹给打碎了。这期间的大部分时间，我们一家人都住在地下室的一大间洗衣房里。

由于我们的房子处在战略性的位置，我们家的后院就被哈伽拿卫军所使用。哈伽拿卫军当时是自发的犹太抵抗力量，后来发展成正式的以色列军队。他们在一个名叫菲民哈斯的年轻人的指示下，在后院设立了一个观察哨。正因如此，我们逐渐和几个年轻的犹太战士相处得很熟，他们有男有女，都是负责这个观察哨的。

1948 年 6 月初，联合国勒令停战四周，使冲突双方有了一个短暂的平静。停战期间的某一天，几个年轻的犹太战士坐在我们的起居室里，随便谈论着他们在战斗初期的经历。

"有件事我真不明白，"一个年轻人说。"我们进入阿拉伯人的地区，他们的人数是我们的十倍，武器也比我们好得多。可有时他们好像完全失去了反击我们的力量，就像他们都瘫痪了一样！"

就在我们家的起居室里，这名年轻的犹太战士重复了一遍莉迪亚几周前做祷告时所说的同样的话！这是我有生以来第一次对神的信实感到如此的奇妙。这不仅是由于神应许了

莉迪亚的祷告

"让阿拉伯人都瘫痪，"而且还因为祂竟然让犹太战士在我们家的起居室里，就祂所成就的事向我们做了第一手客观的见证。神让以色列回归的旨意就通过这奇迹般的方式实现了，这比在正常情况下所失去的生命要少得多。

尽管那些入侵的阿拉伯军队在武器和人数上都占有极大优势，被击败并赶了回去的反而是他们。在这之后的二十年里，以色列又在相继的两场战争中获得了同样戏剧性的胜利，从而巩固了最初的胜利成果。今天，以色列国已得到了牢固的建立，并且几乎在国民生活中每一个领域都取得了惊人的成就。

对于莉迪亚和我来说，所有这一切的重大意义远远超过一个不寻常的军事和政治成就的记录。每当我们获得以色列在不断发展和进步的新消息时，我们都会在内心深处感受到极大的满足感，我们对自己说："我们的祷告也在其中起了一定作用。"

斯大林时代的结束

从 1949 年到 1956 年，我在英国伦敦的一个教区里作牧师。当时，我对神在对待犹太人的事仍抱有特别的兴趣，这一兴趣最早是源自以色列国建国初期我在耶路撒冷的经历。1953 年初，我从可靠的来源得到消息，当时苏联的统治者约瑟夫·斯大林，这个不可一世的独裁者，他准备对苏联的犹太人进行全面的清除。

当我默想犹太人在苏联的危急处境时，主就用保罗就犹太人劝化外邦基督徒时所说的话来提醒我：

> "你们从前不顺服神，如今因他们的不顺服，你们
> 倒蒙了怜恤。这样，他们也是不顺服，叫他们因着
> 施给你们的怜恤，现在也就蒙怜恤"。（罗马书
> 11:30-31）

不知怎么地，我感觉神把负责苏联犹太人的责任放在了我的肩头。在英国不同的地区，我和几个祷告小组的领袖分享了这一感动，他们对那里的犹太人也有一种特别的关注。最后，我决定专门设立一天为苏联的犹太人禁食祷告。我记不清所选的是哪一天，但我确信是星期四。我们组的全体成员都在那天自觉地禁食，并为苏联的犹太人花特别的时间祷告，求神来解救他们，我们自己的会众也在那天晚上聚会，主要就这个题目进行集体祷告。

然而，在聚会中并没有出现特别戏剧化的属灵彰显，也没有特别感到蒙"祝福"或在情感上受震动。但是，从那天起的两周内，一件决定性的历史事件发生了，彻底改写了苏联整个历史的进程：斯大林暴死了，享年七十三岁，苏联民众事先没有得到任何他生病或病危的警告。直到斯大林生命

的最后一刻，十六名苏联医术最高的大夫还在为挽救他而奋斗，然而却徒劳无效。斯大林的死因被说成是脑溢血。

有一点是十分清楚的。我们组里没有一个成员祷告求神让斯大林死。我们只是把苏联内部的情况交托给神，信赖祂的智慧会赐下所需要的应允。然而我相信，神在这件事上的应允是以斯大林暴病而死的形式临到的。

使徒行传十二章记录了神对早期教会的祷告所赐的类似的应允。希律王处死了约翰的哥哥使徒雅各，又抓了彼得并要把他在逾越节后立刻处以死刑。在这紧要关头，耶路撒冷的教会便为彼得迫切恒心地祷告，结果神籍着天使行了超自然的神迹，彼得蒙解救出监狱。教会为彼得所做的祷告就这样得着了应允。当然，仍然需要神来惩治希律王。

在使徒行传 12 章的结束段中，路加生动地描写到希律穿上朝服，对推罗和西顿人慷慨陈词。在他讲论结束时，人们喝彩道："这是神的声音，不是人的声音"。（使徒行传 12:22）希律因自己的成就而自高自大，他接受了这种喝彩。然而最后的结果是：

"希律不归荣耀给神，所以主的使者立刻罚他。他被虫所咬，气就绝了"。（使徒行传 12：:23）

人类历史上祷告所产生的大能，有时可能会见效十分迅速，且让人畏惧。

这里有必要说明一下斯大林之死导致的后果。当时，清除犹太人的计划并没有实施。相反地，苏联的内部政策开始了一系列变革，其重大性和深远性导致这段时期后来被称为"反斯大林化"时代。斯大林的继位者及前助理赫鲁晓夫，就谴责斯大林是个对苏联人民进行残忍和无理迫害的狂人。斯大林的女儿，这位在无神论教导下成长起来的人，后来却逃离本国，在一个她父亲生前不断对其进行辱骂的国家里寻求避难。她最后也接受了那位钉死在十字架上的犹太人耶稣基督做她个人的救主，而她父亲斯大林曾残酷地迫害过基督徒。

肯尼亚诞生前的阵痛

1957 年到 1961 年，莉迪亚和我在东非的肯尼亚一直是从事教育的传教士。当时，我在西肯尼亚一所教师培训学校当校长。

在这一时期，肯尼亚还没有完全从茅茅运动的血腥苦难中恢复过来，仍在作着痛苦的挣扎。这一运动不但在非洲人和欧洲人之间，还在非洲各部落之间造成了极大的不信任和仇恨。与此同时，肯尼亚还在为脱离英国统治和国家独立做匆忙的准备。这件事最终在 1963 年得以实现。

1960年，肯尼亚西部的比利时兼管刚果获得了民族自由。因为没有适当的准备，刚果内部不同的非洲团体不能满足自治的种种要求，因而沦入持久的系列血腥内战。刚果境内的许多欧裔居民纷纷向东逃亡，来到肯尼亚，也一并带来了他们身后可怕的战争、混乱。

在这种政治背景下，政治家们对肯尼亚前途的预测可以说是一片悲观。通常的预测是，肯尼亚会步刚果后尘，前途惨淡。但是，由于因茅茅运动带来的内部对抗的遗留问题，使肯尼亚更陷重重危机。

同一年的八月，在西肯尼亚，我作为传教士中的一员，主持了为非洲青年举办的为期一周的奋兴会。大约有两百名非洲青年参加了奋兴会，其中大多数不是教师就是学生。而这些学生中，有相当数量的人是来自我当校长的教师培训学校。

奋兴会结束于一个星期天。在当晚最后的敬拜中，我们见证了彼得引用的约珥的预言，在这里再一次得着应验：

> "神说，在末后的日子，我要将我的灵浇灌凡有血气的。你们的儿女要说预言。你们的少年人要见异象。老年人要作异梦"。（使徒行传 2:17）

一位来自加拿大的传教士做了结束总结的发言，由一位从我们教师培训学校毕业，名叫威尔逊·曼博雷奥的年轻人将发言译成斯瓦希里语。礼拜的前两个小时，聚会按着正常的模式进行，但在传教士发言后，圣灵带着属天的大能席卷

71

了整个会场，整个聚会被提升进入到一种超自然的状态。接下来的两个小时，几乎所有参加聚会的，超过两百名的成员都沉浸在敬拜和祷告中，而这其中，没有明显人为的带领。

一刹那间，我确信，当时所有的会众已经与主有了属天的连接，并且自由漫步在祂属天大能中。神对我的灵说：
"不要让他们去犯五旬节派信徒过去常犯的错误，不要把我的能力浪费在灵里的自我陶醉上。告诉他们，要为肯尼亚的前途祷告。"

我于是走向前去，想把心中所听到的神的信息告诉会众。在去讲的路上我经过莉迪亚身边，她就坐在靠走道的座位上。当时她伸出手拦住了我。

"有事吗？" 我问她。

"告诉他们，要为肯尼亚祷告，" 她说。

"这正是我要上台说的。" 我对她说。我明白了，神在对我说话的同时也在对我妻子说话，这是神对我说话的一个确认。

上了台，我请大家安静下来，并告诉大家神给大家的挑战："你们将来要成为百姓的领袖，不但在教育领域，而且也在信仰领域。圣经托付给你们基督徒的责任，就是要为你们的国家祷告。你们的国家现在正面临着历史上最关键的时刻。让我们一起合一为肯尼亚的前途祷告！"

威尔逊·曼博雷奥当时也在讲台上，将我的话译成斯瓦希语。当开始祷告的时候，他在我旁边跪了下来。我就领着大家祷告，几乎在场的每个人都和我一起大声祷告。这合在一起的祷告声越来越大，使我想起了启示录 19 章 6 节的经文：

> "我听见好像群众的声音，众水的声音，大雷的声音。"

当祷告如交响乐般，进入乐章的最高峰时，它意外地戛然而止了。就好像有个无形的指挥突然落下了他的指挥棒。

安静片刻，威尔逊站了起来并对会众说："我要告诉你们，主在我祷告时向我显明的事。"我明白了，当他跪在我身边祷告时，神赐给他一个异象。

威尔逊首先用英语，然后用斯瓦希里语讲述了他看到的异象。

"我看到一匹红色的马从东方向肯尼亚奔驰而来，"他说，"它是一匹烈马，有个很黑的人骑在上面。在它后面还有好几匹马，也都是红色的烈马。当我们祷告的时候，我看到所有的马都调回头向北跑去。"

威尔逊停顿了一会儿，又继续说："我求神告诉我所看到的是什么意思。这就是祂回答我的话：'惟有我的儿女在祷告所发出的超自然的大能，才能消除临到肯尼亚的灾难！'"

在这之后的好几天里，我一直在思考威尔逊那天晚上所告诉我们的话。我发现威尔逊的异象和撒迦利亚书 1 章 7-11 节中所记载的内容在某些方面有些相像。我就问威尔逊他是否熟悉撒迦利亚书中的这段经文，他回答说他并不熟悉。我逐渐得出了结论，神籍着这个异象给了我们一个确据，这就是，祂已垂听了我们为肯尼亚的祷告，并会以某种肯定的方式来干预这个国家。后来在肯尼亚历史上发生的几件事也对这一点作了证实。

在英国统治期间，肯尼亚是组成英属东非的三个国家中的一个。另外两个国家是西面的乌干达和南面的坦噶尼喀。（坦噶尼喀后来被称为坦桑尼亚。）肯尼亚最终在 1963 年 12 月 12 日获得了独立。另外两个国家在这之前已经获得独立。独立一宣布，肯尼亚政府就正式选举成立，乔莫·肯亚塔为国家第一任总统。

1964 年元月，威尔逊看到的异象在肯尼亚的历史上得到了准确的实现，一场血腥的革命在离肯尼亚东海岸不远的桑给巴尔爆发了。这场革命是由一名来自乌干达的非洲人领导的，他曾在卡斯特罗统治下的古巴接受过革命战术的训练。这场革命成功地推翻了苏丹对桑给巴尔的统治。

在同一个月，另一场革命运动席卷了坦桑尼亚的国民军队，其影响力也波及到肯尼亚的军队。他们的目的是要以军事独裁统治来取而代之。就在这危机时刻，肯尼亚的新总统乔莫·肯亚塔智慧果断地采取了有力的行动。他援引了英国军队的帮助，平定了肯尼亚军队中的革命运动，并恢复了整个国家的法律和秩序。结果肯尼亚正式选举的政权得到了保护，利用军事政变进行颠覆的企图被彻底地挫败。

在威尔逊的异象中，那几匹红色的马调头离开肯尼亚向北跑去。沿着非洲的海岸线向北，肯尼亚的上面是索马里。军事政变在肯尼亚失败了，却在索马里得逞了。

和肯尼亚接壤的另外几个国家也同样经历了严重的问题。向南在坦桑尼亚，强烈的军事影响造成了各种限制。向西的乌干达历代以来不稳定，部落内部常有冲突，穆斯林们竭力要控制国家，让伊斯兰教成为国教。然而在这一切动乱之中，肯尼亚却成功地维持了国家的秩序和进步，并获到了很高程度的自由。

肯尼亚政府对基督教一贯采取友好合作的态度。尽管总统肯亚塔本人不是基督徒，但他却正式邀请了在肯尼亚的不同基督教机构，对国家的每一所公立学校进行基督教的教导。从许多方面看，肯尼亚成了基督教的战略中心，受过培训的当地基督徒能够从那里将福音传给所有的邻国。

有时候神会用意想不到的方式让我们获取信息。1966年10月，我正好在哥本哈根的一家旅行社里准备订购飞往伦敦的机票。在我等待出票的时候，我随手拿起一本英语版的伦敦时报，结果上面有一期专门报道肯尼亚的十六页的特刊。这期特刊的主题大致是，第二次世界大战结束以来，非洲大陆涌现了将近五十个新国家，而肯尼亚被证明是这些国家中最稳定和最成功的国家之一。在翻着特刊的每一页时，我都好像听见神无声的声音在我的灵里说："当基督徒籍着信心为他们国家祷告时，我就为他们成就大事。"

当我决定记录下神对肯尼亚的带领时，我写了一封信给在内罗的威尔逊·曼博雷。我大概描述了一下我对神在 1960 年赐给他的那个异象的回忆，并请他指出如何将我的描述写得更准确，我还问了他对当时肯尼亚的现状有何看法。他在 1972 年 6 月 30 日给我写了回信，下面是这封信的部分摘录：

感谢你的来信。这是永生神的灵引导你让我写下这些事的……。

主做工的方式是何等地奇妙。我和另一名爱祷告的弟兄在祷告中一直求主赐你力量。当我们在这么做的时候，我就收到了你的来信……

关于我在 1960 年看到的异象，我认为你已描述得十分准确，所以不需要什么补充了……。

目前肯尼亚人正过着祥和的生活。经济发展稳步上升。外国投资也井井有条。非洲人民的商业活动也在这个国家的每个城市中兴旺发达。肯尼亚取得的成功，完全是因为现有政府的稳定，而这和总统乔莫·肯亚塔的出色领导分不开的。

我可以说，在当时那样的时刻，是神拣选了这个人来领导我们的国家。我和这个国家中许多其他虔诚的基督徒都在为他祷告，求神赐他智慧。

这个国家的许多人都不知道，当肯亚塔总统在这世上的日子尽了以后，谁有能力成为他的接班人。在人的眼里，可能还没有一个人能像肯亚塔这样被所有的国民所接受，有像他一样的才干和领导能力。然而，我坚信，也同样告诉所有遇到的人，神将会预备一个人，不过这只能是圣徒恒切祷告的结果 ...。

我们感谢神，肯尼亚比其它邻国能够享受更大的自由来崇拜神。在坦桑尼亚，宗教特别是基督徒正遭受压制。露天的福音布道会是不允许的，除非你有政府的特许......。在乌干达，国家是由阿明将军领导的，他是一名穆斯林，却在敦促所有宗教机构的大联合。最近阿明将军自己也参与了一种混合的崇拜，就是去基督教堂做穆斯林的祷告 ......

在过去这些年里，肯尼亚及其邻国的历史已显明，神在 1960 年赐给威尔逊的异象得到了准确的应验。神为肯尼亚作出的干预， 是出于一群基督徒的合一祷告。他们是根据圣经的教导，一起为他们国家的命运祷告。

当你在思考这一事件中神的信实的时候，请记住威尔逊在叙述他的异象时最后的那段话 ："唯有我的儿女在祷告时所产生的超自然能力，才能掉转临到肯尼亚的灾难！"

第六章、禁食强化祷告

在上一章中，我们偶尔提到了禁食的用途。现在我们要更系统地查考圣经对这一课题的教导。先给禁食下一个简单的定义会对我们有所帮助。我们可以说，禁食就是为了属灵的操练，有意识地不吃东西。如果也包括戒水（或流质）的话，通常会有些相关的条件。

基督的教导和榜样

学习基督徒的禁食操练最好先从登山宝训开始。在马太福音 6 章 1-18 节中，基督对祂的门徒在三个职责上做了教导。这三个职责就是：施舍、祷告和禁食。在每一种情况下，祂都重点强调行事的动机。并警告说，不要为了给别人留下深刻印象，而进行宗教上的卖弄。基于这个前提，基督要求祂的所有门徒都要实践这三项职责。这一点在基督论及每一项职责时所用的语言上可以清楚看出。

在第 2 节中，基督说："你施舍的时候"。在第 6 节中，祂说：

"你祷告的时候'（指个人）'；第 7 节中是：你们祷告'（指集体）'。第 16 节中，祂说：你们禁食的时候'（指集体）'；第 17 节中是："你禁食的时候'（指个人）'。在每一种情况下，基督从来没有说"如果"，而总是说："……的时候"。所以结论是很清楚的，基督期待他所有的门徒定期实践所有这三项职责，尤其是祷告与禁食是彼此对应的。如果基督期待他的门徒定期祷告，同样他也期待他们定期禁食。

主耶稣在世上的时代，禁食在犹太人中被认为是一种宗教上的义务。从摩西时代起，他们就已经一直在尽这种义务。无论是法利赛人还是施洗约翰的门徒都定期禁食。人们因为看不到耶稣的门徒禁食就十分惊讶，并且问耶稣其中的原因。他们的问题以及基督的回答被记录在马可福音中：

> "当下，约翰的门徒和法利赛人禁食。他们来问耶稣说，约翰的门徒和法利赛人的门徒禁食，你的门徒倒不禁食，这是为什么呢。耶稣对他们说，新郎和陪伴之人同在的时候，倍伴之人岂能禁食呢。新郎还同在，他们不能禁食。但日子将到，新郎要离开他们，那日他们就要禁食"。（马可福音 2:18-20）

耶稣用一个简单的比喻回答了这个问题。正确解释这一比喻十分重要。新郎在新约里一直被用来形容基督自己，陪伴之人指的就是基督的门徒（所问的问题也是针对他们而发的）。新郎和他们同在的时候，是指基督在世传道和他的门徒在一起的日子。新郎离开他们的日子开始于基督升天之

时，并一直要延续到祂为了教会而再来的日子。同时，教会
作为新娘一直要等着新郎回来。这也是我们现在生活的时
期。主耶稣为此十分明确地说："那日他们（门徒）就要禁
食。" 所以，在我们现在生活的时代，禁食是真正基督徒接
受门徒训练的一个标志，这是由耶稣亲自命定的。

耶稣不仅教导我们要禁食，他也在这方面为我们做出了
榜样。在约旦河接受施洗约翰洗礼后，耶稣马上就被圣灵引
到旷野，禁食四十天。这件事记在路加福音：

> **"耶稣被圣灵充满，从约但河回来，圣灵将他引到**
> **旷野，四十天受魔鬼的试探。那些日子没有吃什**
> **么。日子满了，他就饿了"。**（路加福音 4:1-2）

这段记载说耶稣在那四十天里什么都没吃，但没有说他
什么都没喝；还说到："他就饿了"，但并没有说他渴
了。所以可以推断，耶稣在这里只是禁食，但没有禁水。在
这四十天里，耶稣和撒旦有直接的属灵争战。

路加在描写耶稣禁食前后时，在表达上有着重大的区
别。起初在路加福音 4 章 1 节中，我们读到："耶稣被圣
灵充满，从约旦河回来。" 最后在路加福音 4 章 14 节中，
我们读到："耶稣满有圣灵的能力，回到加利利。"

当耶稣来到旷野时，祂已经被圣灵充满。在祂禁食后再
次走出旷野时，祂满有圣灵的能力。这就明显地告诉我们，

耶稣在约旦河受洗时所获得的圣灵的能力，只有在祂完成禁食后才能得到充分的彰显。因此我们可以说，在耶稣开始公开传道前，禁食是他做准备的最后一个阶段。

应用在耶稣事工上的这条属灵法规也同样适用于祂门徒的事工上。在约翰福音 14 章 12 节中，耶稣说：

"我所做的事，信我的人也要做。"

藉这些话，耶稣为祂的门徒效仿他事工的模式打开了大门。不过在约翰福音 13 章 16 节中，耶稣又说：

"仆人不能大于主人，差人也不能大于差他的人。"

这一点可以用在对传道的准备工作上。如果禁食是基督自己准备工作中的必要部分，它在门徒的准备工作中也必定占有一定的作用。

早期教会的禁食操练

就禁食而言，保罗是一名耶稣真正的门徒。禁食是他传道生涯中必不可少一部分。使徒行传 9 章 9 节说到，当他在去大马士革的路上第一次遇见基督之后，他就连续三天不吃不喝。所以，保罗在他的属灵训练中也时常禁食。在哥林多后书 6 章 3-10 节中，保罗列举了各种不同的方面来证实自己是一名神真正的仆人。在第 5 节中，他列举了两个方面："警醒、不食"。警醒表示不睡觉，不食表示不吃东西。保罗常常以这两方面攻克己身，使自己的服事更为有效。

在哥林多后书 11 章 23-27 节中，保罗又回到了这个主题上。谈到在事奉上那些把自己与他相比的人时，保罗说：

"他们是基督的仆人吗？ ...... 我更是！ "

他随后从不同角度列出了一长串不同内容来证实自己是一名神真正的仆人。在第 27 节中，他说：

"受劳碌、受困苦、多次不得睡；又饥又渴，多次不得食。"

在这里，保罗又一次将警醒与禁食连在一起。"多次不得食"原文的意思是保罗多次禁食。又饥又渴表示有时既没有饭吃又没有水喝。禁食指的是在有东西吃的情况下，保罗为了属灵的缘故而刻意不吃东西。

新约中的基督徒不仅因为自律常常个别禁食，还在一起事奉神的时候进行集体禁食。路加在使徒行传的记载中证实了这一点：

"在安提阿的教会中，有几位先知和教师，就是巴
拿巴，和称呼尼结的西面，古利奈人路求，与分封
之王希律同养的马念，并扫罗。他们事奉主，禁食
的时候，圣灵说，要为我分派巴拿巴和扫罗，去作
我召他们所作的工。于是禁食祷告，按手在他们头
上，就打发他们去了"。（使徒行传 13:1-3）

在安提阿教会中，有五位任命为先知和教师的领袖在一
起祷告和禁食。这被描述为对主的事奉。今天，多数基督徒
领袖或会众并不太了解这一方面的事奉。然而，神所规定的
次序是：先事奉主，后事奉人。只有通过事奉主，我们才能
得到圣灵的必要引导和能力，从而有效地事奉人。

安提阿的情况就是这样的。当这五名领袖在一起禁食祷
告后，圣灵就显明祂有一项特殊的任务要交给他们中的两个
人－巴拿巴和扫罗（后称为保罗）。圣灵说："要为我派巴
拿巴和扫罗，去做我召他们所做的事。"这两个人就通过这
种方式，蒙呼召去执行一项特殊的任务。

然而，他们还没有预备好去执行这项任务。他们还需要
有特别的恩典和能力赐给他们，来执行前面的任务。为此，
所有这五人又第二次禁食祷告。经过这第二阶段的禁食，其
他的领袖就按手在巴拿巴和保罗头上，并派他们去完成这项
任务。

所以说，藉着合一的祷告和禁食，巴拿巴和保罗首先得

到了明确的启示去完成一项特殊任务，接着又通过禁食祷告，他们得到了执行这项任务所需的恩典和能力。当时，他们在一起祷告和禁食时，巴拿巴和保罗像其他三人一样被看作是先知和教师。但在他们蒙差遣出去执行任务时，他们就被称为使徒了，这一点可以参见使徒行传 14 章 4 节和 14 节。因此我们可以说，安提阿教会的五名领袖合一的祷告，孕育了巴拿巴和保罗的使徒职分。

后来，巴拿巴和保罗在其他城市为主得着了新的门徒，于是他们又将合一祷告和禁食的做法，传递给了由这些新门徒组成的教会。实际上，每个教会的建立都是通过选立当地的长老而完成的。使徒行传对这一情况有所记录：

> "对那城里的人传了福音，使好些人作门徒。就回路司得，以哥念，安提阿去，坚固门徒的心，劝他们恒守所信的道。又说，我们进入神的国，必须经历许多艰难。二人在各教会中选立了长老，又禁食祷告，就把他们交托所信的主 "。（使徒行传 14：21-23)

在使徒行传14 章22 节中，各个城市中的信徒仅仅被称为门徒。但在接下来的经节中，作者就把他们称作教会了。从 "门徒" 到 "教会" 的转变是由在各个地方教会选立领袖而完成的，他们被称为 "长老"。每当他们要选立长

老时，他们都 " 禁食祷告 "。所以我们可以说，每个城市
中地方教会的建立，都是通过合一禁食祷告来完成的。

结合使徒行传 13 和 14 章，我们可以了解，教会合一禁
食祷告对新约教会的成长与发展起到了关键作用。早期教会
的基督徒通过合一禁食祷告，都获得了圣灵的引导和能力，
在特殊重大事务上作出各种决定。在我们已经讨论的事例
中，这些重大的事务有 ：第一，选定和差派使徒 ；第二，选
立长老和建立地方教会。

禁食的功用

禁食可以从不同的方面帮助基督徒获得圣灵的引导和能
力。就某种意义上来说，禁食属于一种哀恸的形式。心理上
没有人欢迎哀恸，正象肉体上没有人愿意禁食一样。然而，
有的时候哀恸和禁食都对我们有益处。哀恸在八福中就占有
一席之地。在马太福音 5 章 4 节中，耶稣说 ：

" 哀恸的人有福了，因为他们必得安慰 "。

在以赛亚书 61 章 3 节，主应许将特别的祝福赐给那些
在 " 锡安悲哀的人 "。祂应许他们 ： " 赐华冠 …… 代替灰
尘，喜乐油代替悲哀，赞美衣代替忧伤之灵。"

在锡安的哀恸，既不是非信徒那种自我中心的悔恨，也
不是他们无望的悲痛，而是一种对圣灵提醒的回应，这样信

徒可以略略分担一点神对人类的罪恶与愚妄的悲伤。作为基督徒，当我们看到自己的错误和缺点时，当我们越过自己，去看世上的痛苦与邪恶时，也的确有理由产生这种哀恸。在哥林多后书 7 章 10 节中，保罗将信徒的那种敬虔的忧伤和非信徒无望的忧愁相对比 :

"因为依着神的意思忧愁，就生出没有后悔的懊悔来，以致得救。但世俗的忧愁，是叫人死 "。

这种敬虔的哀恸到了适当的时节，就会转换成喜乐油和赞美衣。

在旧约之下，神为以色列人在一年中命定了一个特别的日子，让他们 " 刻苦己心 "。这就是赎罪日。利末记 16 章 31 节中，主就这一天指示以色列人说 :

"这日你们要守为圣安息日，要刻苦己心，这为永远的定例。"

从摩西时代以来，犹太人一直把这当作禁食的命令。在使徒行传 27 章 9 节中，每年的赎罪日被称作 " 禁食的节期 "。

二十世纪后的今天，这个希伯来语称为 Yom Kippur 的赎罪日仍被全世界所有的犹太教徒看作是禁食日。

大卫在他的两首诗歌里也提到了禁食。在诗篇 35 章 13

节中，他说：

"我 ...... 禁食，刻苦己心。"

这里和赎罪日那一章都用了 " 刻苦己心 " 这个词。在诗篇 69 章 10 节中，大卫又说：

"我哭泣。以禁食刻苦己心。"

因此我们可以结合所使用的各种表达法，说禁食既是一种哀恸的形式，又是一种谦卑自己、刻苦己心的方式。在哥林多前书 9 章 27 节中，保罗说：

"我是攻克己身，叫身服我，恐怕我使福音给别人，自己反被弃绝了。"

我们的肉体及其各种器官和欲望，可以成为出色的仆人，也会变成可怕的主人。所以我们一定要攻克己身。有一次我听见一位牧师把这一点表达得很好，他说："不是我的胃告诉我什么时候该吃东西了，而是我告诉我的胃，什么时候你应该吃东西"。每当一个基督徒以此目的进行禁食时，他就是在警告他的肉体："你是仆人，而不是主人"。

在加拉太书 5 章 17 节中，保罗揭示了圣灵与人肉体的情欲本性之间存在着直接的对立：

"因为情欲和圣灵相争，圣灵和情欲相争。这两个
是彼此相敌。"

但禁食可以对付人的本性对圣灵竖起来的两大障碍。

这两大障碍一是魂里的顽固自我意识，二是任性不断追求自我满足的肉体需求。所以，正确地操练禁食，可以使我们的灵魂体都归服于圣灵之下。

有一点十分重要，这就是我们要明白禁食改变的是人，而不是神。圣灵作为神既是全能的，也是不变的。禁食可以打破人的情欲在我们和圣灵的全能之间设立的障碍。随着这些障碍的消除，圣灵就可以藉着我们的祷告充分地、毫无阻碍地作工了。

在以弗所书 3 章 20 节中，保罗告诉了我们祷告的大能：

" 神能照着运行在我们心里的大力，充充足足的成
就一切， 超过我们所求所想的 "。

藉着祷告所发出的大能就是圣灵的能力。通过消除情欲的障碍，禁食为圣灵的无所不能打通了渠道，成就神的应许，是 "超过我们所求所想的"。

实际上神的全能只有一个限制，就是神永恒的公义。禁食永远不能改变神公义的标准。如果一件事不符合神的意愿，那么禁食永远也不能借此把它纳入神的意愿中。如果一

件事是错误和罪恶的，那么无论一个人禁食多长时间，这件事仍然是错误和罪恶的，不会改变。

撒母耳记下 12 章中就有一个这样的例子，大卫犯了奸淫罪， 由此一个孩子出生了。神说了，对这件事的一项惩罚就是这孩子必定要死。大卫禁食了七天，结果孩子还是死了。禁食七天也并没有改变神对大卫罪行的公义审判。如果一件事是错的，即使禁食，也不能使它变成对的，没有什么可以改变它。

禁食既不像魔术师的戏法，也不是什么灵丹妙药。神的方式截然不同。神为了祂的儿女在生命中每个方面，包括灵魂、肉体和物质上的健全，已经做了充分的供应。禁食就属于神整个供应的一部分。禁食并不能代替神的供应的其它部分，反之，神的供应的其它部分也不能代替禁食。

在歌罗西书 4 章 12 节中，我们读到，以巴弗为其他信徒祷告， 以便让他们 "得以完全，信心充足，能站立得稳"。这里给我们所有人都立了一个非常高的标准。为了达到这个标准，圣经给我们提供了一种途径，这就是禁食。

我们可以用一个简图来说明禁食和神的意愿之间的关系：

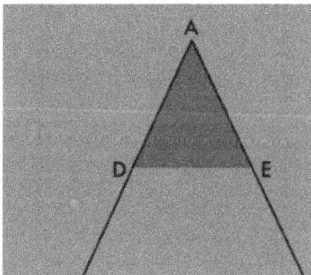

如一个三角形 ABC，在两个斜边的中上部划一条线为 DE，这样，三角形 ABC 就分成一个小三角 ADE，和一个梯形 DEBC。

整个三角形 ABC 代表神对每个信徒的全部意愿。梯形 DEBC 代表祷告而不需禁食来祈求的神的意愿。而上面的小三角形 ADE 却代表必须用祷告结合禁食来祈求的神的意愿。

如果一个目标在三角形 ABC 之外，那它就完全不符合神的意愿。所以就没有符合圣经的途径使我们能达到这个目标。如果一个目标在梯形 DEBC 中，那我们只要通过祷告而无需禁食就会达到目标。如果一个目标在三角形 ADE 中，那我们就必须通过祷告结合禁食才能达到那个目标。

神赐给他的儿女的许多最好的供应都包含在上面那个小三角形 ADE 中。由此可见禁食、祷告是何等的重要！

第七章、禁食带来解救和得胜

如果我们打开旧约的历史记载，我们就会发现在许多情况下，合一的禁食祷告会带来神戏剧般的大能介入。下面我们就来看四个这样的情形。

约沙发不战而胜

第一个例子记载在历代志下 20 章 1-30 节中。犹大王约沙法获悉，一支来自毗邻的摩押、亚扪和西珥山的强大军队从东面入侵了他的王国。然而约沙法知道，他没有一支能够抵抗这一入侵的军队。所以他向神祈求寻求帮助。他的第一个决定性行为记在第 3 节中：

"约沙法 …… 在犹大全地宣告禁食。" 通过这种方式，他将神的儿女召聚在一起，为求得神的干预介入而进行公开的集体禁食祷告。第 13 节提到，禁食包含所有的人，男人，女人和孩子。

从最初宣告禁食以后，事态发生了连锁反应，并推向一个戏剧性的高潮。第一个结果被记在第 4 节中：

"于是犹大人聚会，求耶和华帮助。犹大各城都有
人出来寻求耶和华。"

共同的危机起到了把神的儿女都召聚一起的作用。威胁

91

一个地区或城市的紧急情况也都威胁着犹大全地的各个地区和城市。尽管在有些城市之间，毫无疑问地存在着嫉妒或对立，然而面对敌人的入侵，这些分歧也就被放置一旁。神的儿女得着号召，要起来保护他们的产业，而不是加剧他们各自之间的摩擦与差异。

当犹大众人因此万众一心地聚集在一起的时候，约沙法带领他们一起祷告，提醒神与亚伯拉罕所立的约，以及基于这个约神施怜悯的应许。约沙法的祷告立刻得到了神超自然的回应，这件事记在第 14 至 17 节中。圣灵借着一名叫雅哈悉的利未人的口，向犹大众人发出了大能的预言，满是从神而来的激励、应许和引导。

听了雅哈悉的预言，约沙法和全体犹大人就即刻一同敬拜和赞美神。后来，在约沙法带领众人去迎敌的时候，他还继续让他们有组织地赞美神，历代志下二十 18-19，21：

> "约沙法就面伏于地，犹大众人和耶路撒冷的居民也俯伏在耶和华面前，叩拜耶和华。哥辖族和可拉族的利未人都起来，用极大的声音赞美耶和华以色列的神。约沙法既与民商议了，就设立歌唱的人，颂赞耶和华，使他们穿上圣洁的礼服，走在军前赞美耶和华说，当称谢耶和华，因他的慈爱永远长存。"

其结果被记在历代志下第 22 至 30 节中。神的儿女不需要使用任何一样军事武器。整个敌军自相残杀，无一幸免。神的儿女所需做的只是花三天时间来收集战利品，然后凯旋回到耶路撒冷，高声感谢和赞美神。不仅如此，这次巨大的超自然的得胜也震惊了周围所有的国家。从此以后，再没有一个国家胆敢策划战争，敌对约沙法和犹大国的百姓。

从约沙法的胜利中，我们可以学到三个非常具备操作性的功课。而这所有的功课都同样完全适用于今天这个世代的基督徒。

首先，敌对基督徒的势力，在当今世界正象约沙法当年所面对的敌军一样十分猖獗、难以对付。这些敌对势力联合在一起仇视、敌对所有真正爱主和事奉主耶稣基督的人。他们不在乎基督徒内部教派的区分，不会牺牲卫斯理教徒，宽容浸信会教徒，也不会牺牲五旬节派教徒来宽容天主教教徒。因此，现在不是基督徒强调那些过去分裂我们的宗派或教派问题的时候，而是所有神的儿女应该效仿犹大的榜样，联合起来禁食祷告的时候。

第二，约沙法的故事也说明了属灵恩赐对神百姓的重要性。正是说预言的恩赐，在犹大人危机之时给了他们激励和引导。当今的教会也仍然同样需要圣灵的这种超自然的恩赐。圣经从来也没说过神要从教会中收回这些恩赐。

在哥林多前书一章 7-8 节中，保罗就为哥林多的信徒感谢神说：

"以致你们在恩赐上没有一样不及人的。等候我们
的主耶稣基督显现。他也必坚固你们到底，叫你们
在我们主耶稣基督的日子，无可责备。"

显然，保罗既期待又渴望属灵的恩赐能够不断地在教会
中得到应用，直到基督再来和世代末了的时候。

同样地，彼得在使徒行传中也引用了约珥的预言，并把
它运用在我们这个时代，使徒行传二 17-18：

"神说，在末后的日子，我要将我的灵浇灌凡有血
气的。你们的儿女要说预言。你们的少年人要见异
象。老年人要作异梦。在那些日子，我要将我的灵
浇灌我的仆人和使女，他们就要说预言。"

彼得引用约珥的这些话证实了保罗在哥林多前书所说的
话。圣经不但没有提议过神要将圣灵超自然的恩赐从教会中
收回，反倒说在我们接近末世的时候，这些恩赐会得到更多
地彰显。

从约沙法的故事中我们可以学到的第三点经验就是：属
灵的力量大于属血气的力量。在哥林多后书 10 章 4 节中，
保罗说：

"我们争战的兵器，本不是属血气的，乃是在神面
前有能力可以攻破坚固的营垒。"

兵器有两种：属灵的和属血气的。约沙法的敌人依赖的是属血气的兵器；而约沙法和他民众只使用属灵的兵器。战争的结果表明，属灵的兵器对属血气的有着绝对的优势。

约沙法取得如此胜利的属灵兵器到底是什么呢？我们可以把它们概括如下：

第一，集体禁食；第二，共同祷告；第三，圣灵超自然的恩赐；第四，公开的崇拜与赞美。如果基督徒今天根据圣经继续使用这些武器的话，那么我们也会像约沙法当年的犹大人一样，取得辉煌神奇的胜利。

以斯拉得着从神而来的安全指引

让我们接下来看以斯拉记，在圣经中我们第二个集体禁食祷告的例子：

> "那时，我在亚哈瓦河边宣告禁食，为要在我们神面前刻苦己心，求他使我们和妇人孩子，并一切所有的，都得平坦的道路。我求王拨步兵马兵帮助我们抵挡路上的仇敌，本以为羞耻。因我曾对王说，我们神施恩的手必帮助一切寻求他的。所以我们禁食祈求我们的神，他就应允了我们。"（以斯拉记8:21-23）

以斯拉所做的事，也是你和我有时做的事。为了向王作出见证，以斯拉不得不活出自己的见证。他曾告诉王 ："我们是永生神的仆人，我们的神一定会保护我们并供应我们所有的需要。" 不久以斯拉得到了机会，使他能带领这群流放在外的犹太人回到耶路撒冷。他们前方的路途是漫长的，而且还要经过野蛮部落和强盗出没的地区。他们中间，不但有妻子和孩子，还有随身携带着的，价值连城的圣殿器皿。这些都是强盗们朝思暮想的所求之物啊！

随之而来的问题就是 ：从巴比伦到耶路撒冷这段路途他们如何受到保护？以斯拉是不是应当到王那里，求他派步兵和马兵保护呢？毫无问题，王一定会答应以斯拉的要求。然而，以斯拉感到这么做十分羞耻，因为他已经向王见证过，他们的神是一位又真又活的神，祂一定会保护那些事奉他的人。

于是，以斯拉和一同回归的犹太人做出了一个关键的决定：他们不要依赖步兵和马兵作保护，而要依靠神超自然的大能。从道义上来说，接受王的保护并没有什么错，但那是对属血气的依赖。相反，通过集体祷告和禁食，他们是让自己只向神寻求帮助和保护。

以斯拉和约沙法遵循了同样的步骤。作为神子民的领袖，他向众人 "宣告禁食"。他这么做的理由是 ："为要在我们神面前刻苦己心，求他使我们和妇人孩子，并一切所有的，都得平坦的道路。"

"在前一章中，我们从大卫的诗歌和神在赎罪日的命令中都看到，禁食是神的子民在神面前谦卑自己、并承认他们完全依靠祂的一种方式。这是犹太人认可，也为神所赞同的事。以斯拉最后说：

> "所以我们禁食祈求我们的神，他就应允了我
> 们。"

集体禁食祷告的结果对于以斯拉与他的同伴和对约沙法和犹大人一样，都是决定性的。回归的犹太人终于安然无恙地完成了他们漫长、危险的旅途，没有遭到强盗或野蛮部落的任何骚扰，也没有失去一人一物。因此，由约沙法显明的属灵功课又再一次被以斯拉证实。那就是：属灵的胜利才是最重要的。属灵的胜利只有运用属灵的武器才能获得。而且属灵胜利的结果表现在自然与物质领域的每一个方面。

以斯帖转危为安，反败为胜

我们集体禁食祷告的第三个例子记在以斯帖记第四章。这是到目前为止犹太人所面临的一次最大的危机，甚至比阿道夫·希特勒，纳粹德国给他们带来的危机还要巨大。希特勒当年只控制了全部犹太人的三分之一，而波斯王却控制着整个犹太国。王令已经颁出，并定下某日将犹太人全部剿尽杀绝。这个反犹的撒旦拥护者的名字，就是哈曼。

这段历史也产生了一个犹太节日，犹太人称之为普珥

日。普珥就是 " 签 " 的意思。这个节日被这么称呼，是因为哈曼当时要通过掣签来定哪一天将犹太人全部灭绝。掣签是一种占卜，哈曼在寻求秘术的能力，依赖看不见的属灵力量在灭绝犹太人的事上指引他。这就将整个冲突提到了属灵的层面。它不仅是一场肉体之间的战争，也是灵与灵之间的争斗，其实这是撒旦通过哈曼在向神的大能挑战。如果撒旦灭绝犹太人的阴谋得逞，那将使主的名永远蒙羞。

就在灭绝犹太人的法令颁布之时，以斯帖和她的宫女们都接受了这一挑战。她们明白这是灵界的争斗，所以也要在同一层次作出回应。她们一致同意进行三天昼夜禁食，不吃也不喝，与此同时，还安排末底改招聚首都书珊城所有的犹太人在同一时间和她们一起禁食。在以斯帖记 2 章 19 节中我们再一次留意到，每当危机之时，神的儿女都会像约沙法当年一样聚在一起。就这样， 书珊城中所有的犹太人和以斯帖以及她的宫女们一起禁食祷告三天 - 七十二个小时 - 不吃不喝。

他们集体禁食祷告的结果被写在以斯帖记后面的章节里。我们可以概括地说，波斯帝国的整个政策得到了彻底的改变，变得有利于犹太人。哈曼和他的儿子们灭亡了，整个波斯帝国内的犹太人的敌人都被完全击败。末底改和以斯帖成了波斯政界最有影响力的两个人物。犹太人在各个领域都经历了独特的优待、和平与富足。所有这一切，都可以直接归于一个原因：神子民的集体禁食祷告。

尼尼微城得饶恕，撒玛利亚被毁

前三个集体禁食祷告的例子，我们都是从以色列的历史中挑选出来的。至于第四个，也是最后一个例子，我们要从以色列以外的国家中挑选。约拿书记录了神如何对付亚述的首都尼尼微城的事。当时亚述还是世界上最强盛的帝国。圣经把尼尼微描写为一个充满了残忍、暴力和偶像崇拜的城市，完全应该得到神的审判。神就呼召约拿去警告尼尼微城说，祂的审判就要降临。

约拿最初拒绝去尼尼微。因为他是以色列北部王国的国民，他知道亚述帝国在当时是他自己民族的敌人。审判尼尼微会缓解亚述对以色列的威胁；反之，对尼尼微施怜悯倒会增加以色列的危险。所以，约拿不愿意带给尼尼微城，任何可能逃离神对该城行使审判的信息。

后来，神就重重地管教了约拿。当神第二次召约拿时，他就从命去了尼尼微。约拿带去的信息非常简单：

"再等四十日，尼尼微必倾覆了！"（约拿书3:4）

尼尼微人的反应十分迅速并令人吃惊。请看接下来的五节经文：

"尼尼微人信服神，便宣告禁食，从最大的到至小

的，都穿麻衣。"

"这信息传到尼尼微王的耳中，他就下了宝座，脱下朝服，披上麻布，坐在灰中。他又使人遍告尼尼微通城，说，王和大臣有令，人不可尝什么，牲畜，牛羊不可吃草，也不可喝水。人与牲畜都当披上麻布，人要切切求告神。各人回头离开所行的恶道，丢弃手中的强暴。或者神转意后悔，不发烈怒，使我们不致灭亡，也未可知？"（约拿书 3:5-9）

在旧约历史里，还没有见过在整个社区国家中有如此深刻和普遍的悔改。所有正常的活动都停止了。国王和大臣宣告禁食，并亲自作出榜样，要求全城的人，甚至连牲畜也都要像国王和大臣一样进行禁食。全城都仰望神的怜悯。没有任何言语可以表达更生动的画面了。这种公开的普遍禁食最彻底、最恰当地表达了人们内心深处的哀恸与谦卑。

神对尼尼微人禁食的回应被记在第三章的最后一节中：

"于是神察看他们的行为，见他们离开恶道，他就后悔，不把所说的灾祸降与他们了。"

据历史记载，尼尼微城在事发的第十一个小时因神的怜悯而得救，在之后的一百五十年里，该城一直比较稳定和繁荣，直到公元前 612 年最终被毁灭，先知那鸿和西番雅对这件事都做了预言。

神通过约拿在处理尼尼微城这件事上向我们阐述了一个原则，这个原则又借着先知耶利米得到了充分地展现。主说

"我何时论到一邦或一国说，要拔出，拆毁，毁坏。我所说的那一邦，若是转意离开他们的恶，我就必后悔，不将我想要施行的灾祸降与他们。我何时论到一邦或一国说，要建立，栽植。他们若行我眼中看为恶的事，不听从我的话，我就必后悔，不将我所说的福气赐给他们。（耶利米书 18:7-10）

在对待列国上，神所做的祝福的应许和审判的警告都一样，都是有条件的。即使像当年的尼尼微那样，在第十一个小时，审判仍旧可以借悔改而被撤除。

通过对比亚述和以色列北国的命运的了解，我们可以看到神对待列邦的原则仍然适用于今天。

在公元前八世纪，外邦人的尼尼微城只从一位先知约拿那里得到一次审判的警告，全城的人就普遍地以悔改作出回应。而在同一时期，以色列北国却听到了神的多次警告，神不仅借着约拿，而且还通过至少四位其他先知 - 阿摩司、何西阿、以赛亚和弥迦向他们警告，而他们却回绝这些先知，

拒绝悔改。

那么结果如何呢？以尼尼微城作为首都的亚述帝国却成了神审判以色列的工具。公元前 721 年，亚述王攻取并摧毁了以色列的首都撒玛利亚，并牢牢地控制了整个北方王国。

北方王国的悲剧似乎印证了我们常说的一句话："熟视无睹"。以色列一直拥有神特别启示的悠久历史，他们听到诸多先知的多次预言，却拒绝接受。而尼尼微以前从来没得过神的启示，却在听到一次先知的预言后，就接受了他。这个历史教训对于我们这些长期生活在基督信仰圈的人而言，也是一种特殊的警告。我们要警醒，不要因为熟视这一信息而无睹它的紧要性！

今天，神再一次通过祂的众使者，并借着祂的灵向每个城市和国家晓谕。祂在呼唤我们悔改，禁食，谦卑自己。那些顺服的就会像尼尼微人一样得到神的怜悯；而那些拒绝的人则会像以色列人当年那样面对神的震怒。

第八章、禁食，为神的 "春雨 "做准备

在整本圣经里，我们都能窥见一种微妙的平衡蕴含其中，那就是神预定的成就和人类自由意志运用之间的平衡。一方面，神的圣灵显明了神的预言和祂的应许，并确认了预言的最终应验和应许的最后成就。另一方面，在某些特定的情况下，神也要求人运用信心与意志，作为最终成就祂的应许必不可少的条件。所以，明白这两者之间的平衡，并将其应用在祷告中，才是真正代祷的关键。

但以理的代祷模式

在但以理代祷事工中我们可以看到一个有力的例证，在但以理书中，我们看到：

> "就是他在位第一年，我但以理从书上得知耶和华的话临到先知耶利米，论耶路撒冷荒凉的年数，七十年为满。我便禁食，披麻蒙灰，定意向主神祈祷恳求。"（但以理书 9:2-3）

但以理不仅是一位先知，也是一位对预言颇有研究的人。在对耶利米的预言进行研究的过程中，他对神的应许有了如下的发现：

> "耶和华如此说，为巴比伦所定的七十年满了以后，我要眷顾你们，向你们成就我的恩言，使你们仍回此地"。（耶利米书 29:10）

但以理知道所定的七十年就要到了，所以他知道以色列蒙解救、复兴的日子也近在咫尺。在第四章中，我们看到了记载在但以理书 6 章 10 节中对但以理祷告的描写。从这节经文中我们可以清楚地看到，但以理早已有了定时代祷的习惯，他每日三次求神，让以色列人能回到他们的应许之地。而耶利米预言的启示已经告诉他，神应许他的祷告的日子已经到了。通过学习但以理如何对这一启示的回应，我们可以在代祷的职分上学到极其重要的功课。一个有世俗头脑的人可能就会把耶利米的应许作为一种不必继续祷告的托词。如果神在那时已经应许复兴以色列，那还有什么需要进一步祷告的呢？

但以理的回应却截然相反。他没有把神的应许看作是对他代祷义务的一种解脱，恰恰相反，反倒以此为激励，比过往更加热烈更加迫切地寻求神，更委身在明白神旨意的生命挑战之中。在但以理书 9 章 3 节，他对自己的这种执著和更新的生命做了最美的诠释："定意向主神"。在我们每个人的祷告生命中，一定会有一个时刻，我们开始定意向神。从那时起始，不会再有任何失意、困惑和抵触的情绪能使我们后退，直到我们获得了神应许的全备确据。

当但以理更加迫切寻求神，他明白他的祷告必须要以禁食来加固。他说："我便禁食，披麻蒙衣，定意向主神祈祷恳求。"披麻蒙衣被认为是哀恸的一种外在表现。这里我们再一次看到，禁食和哀恸密切相连。

在接下来的经节中，当我们继续学习但以理祷告的实际操作时，我们又会看到禁食及哀恸又相继与自我谦卑紧密连接。以所有人的标准来看，但以理绝对位列圣经所描写的最公义、最敬畏神的人物之中，但是，但以理却从来没有把自己看得比他代祷的人更公义，而是一直把自己也看作是那悖逆与堕落民众中的一员。他在神面前如此呼求：

> "我们犯罪作孽，行恶叛逆，偏离你的诫命典章，主阿，你是公义的，我们是脸上蒙羞的……"（但以理书 9:5，9:7）

但以理总是在祷告中用"我们"这个词，而从不用"他们"。至始至终，在但以理的祷告中，他一直将自己视作犹太百姓中的一员，将自己与犹太同胞一同降服于神公义的审判之下。

因此，但以理的祷告因着他个人的委身而更加有效，其有效性与以下三个方面密切相关：那就是，禁食，哀恸和谦卑己身。

在历代志下中，神阐述了一个条件，就是如果神的子民要想他们的国土得治愈，他们就必须满足这些条件，历代志下7章14节如此记载：

> "这称为我名下的子民，若是自卑，祷告，寻求我的面，转离他们的恶行，我必从天上垂听，赦免他们的罪，医治他们的地。"

神的要求有四个层面：其一，祂的子民谦卑自己；其二、祷告、寻求神的面并转离他们的恶行。在满足这些条件的情况下，神应许垂听他子民的祷告，并且医治他们的地。

在但以理为我们树立的榜样中，我们可以确切地看到神对每一层面要求的定义。但以理谦卑自己，恒切祷告，定意寻求神的面，而且将自己看作和他的民族同罪，并且弃绝并转离那些罪。这样做的结果也证实了，任何时候，只要神的条件被满足，那么神在成全祂的应许上绝对信实。藉着但以理的代祷，以色列得以复兴，他们的地土得到治愈。

在圣经里的所有伟大人物中，但以理为我们树立了一个也许比任何其他人更为清晰的榜样，就是关于这本书的主题的榜样：通过祷告和禁食塑造历史。当但以理年轻时刚去到巴比伦，他就用祷告（并结合他启示的恩赐）改变了尼布甲尼撒王的心，使在巴比伦的犹太人得到了优待和提升。后来，在但以理的晚年，当巴比伦帝国被玛代-波斯取代时，也是通过但以理的祷告和禁食才最终为以色列人返回自己的国土打通了渠道。在超过将近七十年的时间内，神子民的命运中接二连三的主要改变，都归功于但以理的祷告。

通过对但以理代祷的学习，我们可以从中发现一个特别重要的功课，它和我们的主题息息相关。那就是，神的预言和应许永远不应成为我们停止祷告的借口。相反地，它们应成为使我们的祷告愈加恳切和明确的动力。神向我们显明祂将要完成的目标，不是要我们像历史的旁观者一样被动地观看，而是要我们积极地识别出，我们自己在其中的角色，并积极参与这些目标的实现。神的启示需要你我的参与。

约珥书中关于禁食的三次呼召

这个功课特别适用于圣灵在末后日子里的浇灌，这种大浇灌在当今基督教国家的每个领域，以及全世界各个地区都产生了前所未有的影响。预言这个大浇灌的伟大预言家就是圣经中的约珥。藉着约珥的预言，神向我们显明了祂至高的旨意，就是祂要差祂的灵（圣灵）降临到我们凡有血气的人，约珥书中如此记载：

> "以后，我要将我的灵浇灌凡有血气的。你们的儿女要说预言。你们的老年人要作异梦。少年人要见异象。"（约珥书 2:28）

在五旬节那天当圣灵第一次浇灌下来时，彼得引用了约珥的这段话：

> "这正是先知约珥所说的。神说，在末后的日子，
> 我要将我的灵浇灌凡有血气的。神说，在末后的日
> 子，我要将我的灵浇灌凡有血气的。你们的儿女要
> 说预言。你们的少年人要见异象。老年人要作异
> 梦。"（使徒行传 2:16-17）

约珥书的那段话和使徒行传中的那段话中存在着一个重要的区别。约珥说："以后"，彼得却说："在末后的日子"。彼得把这些话应用在当时正发生的事情上。因此我们可以推断，五旬节那天就标志着圣经所说的"末后的日子"这一时期的开始。"末后的日子"这一时期现仍在继续，一直要延伸到现今时代的结束。所以，彼得的话告诉我们，圣经对"末后的日子"的起点是如何定义的。

为此，我们还应当注意到，约珥所预言的圣灵的浇灌可以分作两个主要阶段："春雨"和"秋雨"。这一点记载在约珥书 2 章 23 节中：

> "因他赐给你们合宜的秋雨，为你们降下甘霖，就
> 是秋雨，春雨，和先前一样。"

在这里雨是预表，圣灵浇灌是预表的对象。以色列实际的气候状况是这样的，秋雨在冬初降临（约在十一月份），春

雨在冬末降临（约在三、四月份）。因此，春雨降临的时候正好在逾越节前后，根据犹太教的日历，逾越节应该在 "正月" 的月中。(参出埃及记 12:2)

从预表到预表的原型，我们可以得出一个逻辑性的推论：圣灵的秋雨标志着末后日子的开始，而圣灵的春雨标志着末后的日子的结束。神在教会的起始和末了，都是藉着圣灵的普世浇灌， 临到地上的教会。圣灵的第一场甘霖临到了初期教会。而圣灵的春雨在当今，正在浇灌着普世的教会。这就是彼得所说 "末后的日子" 所指的日期。

现在让我们回到约珥书 2 章 28 节中关于这个预言的原文 ："以后，我要将我的灵浇灌凡有血气的。" 在彼得用 "末后的日子" 的地方约珥用了 "以后"。为了明白约珥所说的整个这段话，我们必须准确地解释 "以后" 这个词。约珥用的这个词的含义是什么？在什么的 "以后" 呢？显然他是在指他在前面的预言中所提到的某件事。

如果我们回到约珥预言的开始部分，我们面对的景象是一片萧条、满目荒凉。对于神的儿女来说，他们产业的各个部分都受到了影响。所有的东西都枯萎了，没有任何果实。没有一线希望， 没有人为的解决办法。那么神让祂的儿女怎么做的呢？神给他们开的药方就是，联合起来，一同禁食，约珥书 1 章 14 节告诉我们：

"你们要分定禁食的日子，宣告严肃会，招聚长

老，和国中的一切居民，到耶和华你们神的殿，向
耶和华哀求。"

"分定"在这里的意思是"分别出来，使之成圣"。
禁食是神呼召我们做的事，所以它应当占有绝对的主导地
位。任何其它活动，无论是宗教的还是属世的，只能占居其
次。这里还特别强调了长老。作为神子民的领袖，他们在这
方面具有特殊的责任。这地上的所有居民都被包括在内了，
没有一个人可以例外。神要求他的子民联合起来面对他们的
需要。他们蒙呼召聚在一起进行禁食，正像他们在约沙法、
以斯拉和以斯帖时代所做的那样。

在约珥书 2 章 12 节中，这一呼召再次被提出来：

"耶和华说，虽然如此。你们应当禁食，哭泣，悲
哀，一心归向我。"

在这种危机的时候，仅仅祷告是不够的。祷告一定还要
结合禁食、流泪和哀恸。（我们再一次注意到，禁食和哀恸
的紧密关系。）

在约珥书 2 章 15 节中，禁食的呼召第三次出现：

"你们要在锡安吹角，分定禁食的日子，宣告严肃
会。"

锡安是神的儿女聚集的地方。号角是当时向大众宣告事情最有效的方法。以这种方法宣告禁食，使它成为一件毫无隐秘的事情。圣经清楚地提到，有时候我们应该公开地号召神的所有儿女来禁食。

经文继续说到：

> "聚集众民，使会众自洁，招聚老者，聚集孩童，
> 和吃奶的 …… 事奉耶和华的祭司，要在廊子和祭坛
> 中间 ……。"（约珥书 2:16-17）

虽然所有的人都要参与禁食，但这里特别强调了神子民的领袖：祭司、牧师和长老。在第六章中，我们看到作领袖的在禁食上树立榜样的义务已经延续到了新约教会。

在约珥书的这些经文中，神三次呼召他的子民禁食。接下来就是神的应许："以后，我要将我的灵浇灌凡有血气的。" 在什么事以后呢？在神的子民服从祂的呼召，禁食祷告以后。今天，神的灵已经浇灌下来。已经有大量的证据显示，神的 "春雨" 已经降临。然而，我们所看到的只是圣经预言的圣灵浇灌的一小部分。神正在等待我们满足祂的要求。我们需要藉着联合的祷告和禁食，来促成春雨最终的彻底浇灌。

在这方面，我们今天所处的位置就和大利乌统治初期的但以理相似。他看见神的手在动工，从圣经里看到神要复兴

他的民族的时候已经来到。在这双重证据的激励下，但以理投身于祷告。只有通过这种方式，神的应许才能得以成就。

在但以理那个时代，神的中心目标就是复兴以色列。神已开始动工，将祂的儿女因不顺服而失去的基业还给他们。今天的情况也一样。圣灵的浇灌正是神所指定的复兴方式。神在约珥书 2 章 25 节中宣告了这一点：

"那些年所吃的我要补还你们。"

三个半世纪以前，教会经历了改革。今天，神所关心的已不再是改革，祂的目标是恢复重建。神已开始动工，让他儿女的基业在各方面都恢复到原来的状态。"秋雨"产生了符合神标准的教会：信仰纯粹、有属天能力以及属天秩序。"春雨"将要把教会恢复到同样的标准上来。那时，只有在那时，教会才能完成它在这世上的使命。这也是神现在所做，并且一直要持续到末了的工。

以赛亚不朽的禁食篇章

在我们即将结束对旧约中有关禁食的谈论之际，查看以赛亚书 58 章是再恰当不过了。这是旧约中有关禁食的不朽篇章。以赛亚描写了两种不同的禁食方式。从第 3 至 5 节，以赛亚写了一种神不会接受的禁食方式。然后从第 6 至 12 节，他又写了一种神十分悦纳的禁食方式。

第一种禁食方式的错误，主要在于禁食的动机和态度。以赛亚书 58 章 3-5 节如此说：

> "看哪，你们禁食的日子，仍求利益，勒逼人为你们作苦工 ....。你们禁食，却互相争竞，以凶恶的拳头打人 ....。这样禁食，岂是我所拣选使人刻苦己心的日子么。岂是叫人垂头像苇子 ..."

对于这里描写的人来说，禁食仅是可接纳的宗教仪式中的一部分。这种禁食方式也是耶稣在世时法利赛人所采用的，没有真正地悔改或谦卑。相反，他们仍继续日常世俗的事务，仍保持他们所有罪恶的态度：贪婪、自私、骄傲和欺压。" 垂头像苇子 " 这段话非常形象地描绘了某种祷告的方式，这种方式现在仍被某些正统犹太教徒所采用。他们将身体晃来晃去，并机械地重复着预先背好的连自己都不太明白的祷告词。

另一方面，那种神十分悦纳的禁食方式却源于截然不同的动机和态度。在第 6 节中，以赛亚解释了这种禁食方式背后的动机：

> "不是要松开凶恶的绳，解下轭上的索，使被欺压的得自由，折断一切的轭吗。"

圣经和属灵经验可以同时证实，除非神的子民，特别是他们的领袖，顺从神的呼召进行禁食祷告，否则许多绳不能松开，许多轭上的索不能解开，许多的轭不能折断，许多被欺压的不能得着自由。

对于神所悦纳的禁食方式，以赛亚又继续描绘了与之相关的态度，即对待别人、特别是对待那些贫困和被欺压的人的态度。以赛亚书 58 章 7 节描述：

> "不是要把你的饼，分给饥饿的人。将飘流的穷人，接到你家中。见赤身的，给他衣服遮体。顾恤自己的骨肉而不掩藏吗？"

这种禁食方式必须与真诚和实际的善行相结合，就是实际帮助我们周围的人，特别是那些在物质和经济上需要我们帮助的人。

以赛亚再一次对神不能接受的那种禁食方式以及与这种方式相应的错误态度发出警告，并将这些态度与真诚、实际的善行作对比。以赛亚书 58 章 9-10 节如此说：

> "你若从你中间除掉重轭，和指摘人的指头，并发恶言的事。你心若向饥饿的人发怜悯，使困苦的人得满足"。

"重轭和指摘人的指头，并发恶言的事"，这些可以总结成三个词：律法主义、横加指责和假面虚伪。

现在再让我们来看一下，以赛亚应许给那些采用神悦纳的方式禁食的人的祝福。他依次例举了以下祝福。首先，以赛亚写的是健康与公义的祝福，以赛亚书五十八 8：

"这样你的光就必发现如早晨的光。你所得的医治，要速速发明。你的公义，必在你面前行。耶和华的荣光，必作你的后盾"。

这和玛拉基书 4 章 2 节中的应许正好吻合：

"但向你们敬畏我名的人，必有公义的日头出现。其光线（原文作翅膀）有医治之能"。

其次，在以赛亚书 58 章第 9 节中，以赛亚描写了应允祷告的祝福：

"那时你求告，耶和华必应允。你呼求，他必说，我在这里。"

这时神听人之便，愿意答复每一个请求，供应每一项需要。

接下来以赛亚又描写了得着指引和结果子的祝福，以赛亚书 58 章 10-11 节：

"你的光就必在黑暗中发现，你的幽暗必变如正

午。耶和华也必时常引导你，在乾旱之地，使你心
满意足，骨头强壮。你必像浇灌的园子，又像水流
不绝的泉源 "。

最后，以赛亚描写了恢复重建的祝福，以赛亚书 58 章
12 节：

"那些出于你的人，必修造久已荒废之处。你要建
立拆毁累代的根基。你必称为补破口的，和重修路
径与人居住的 "。

和约珥一样，以赛亚也指出了禁食与复兴神子民之间紧
密的联系。以赛亚以这个信息来结束他对禁食这个主题的讲
论 ： " 修造久已荒废之处 …… 补破口 …… 重修路径与人居
住。" 这复兴的工作正是当时神为了祂的子民所制定的目
标。而神所指定的达到这一目标的途径就是祷告与禁食。

在这个来自神的话语清晰不变的信息和亮光中，我们每
个人都被带到一个必须做出个人决定的位置上。在以西结书
22 章 30 节中，神说 ：

"我在他们中间寻找一人重修墙垣，在我面前为这
国站在破口防堵，使我不灭绝这国 …。"

今日，神再一次寻找这样的人。你愿意为了这一神圣目

标而向神献上你自己吗？你愿意将自己委身于祷告和禁食吗？你愿意与有相同异象和决心的弟兄姐妹一起，在特定时期和他们一起禁食祷告吗？

让我们分定禁食的日子！让我们宣告一个严肃会！让我们召聚在一起，寻求神！

第九章、禁食的实际操作指南

对于今日为数众多，甚或可以说大多数的基督徒，禁食是一个非常陌生，并且有几分让人畏惧的话题。通常，当我在公众聚会中传讲禁食之道后，总有人向我提出这样那样的一些问题。例如："我该怎样开始禁食呢？""有没有什么特别的危险需要小心防范？""你能不能给我们一些实际的注意事项？"

禁食与祷告类似

差不多所有问上述这些问题的人，在不同程度上对祷告已有所了解。所以，首先指出禁食在某些方面和祷告相类似，会对这些人有所帮助。

每一个有责任感的基督徒都应定期培养个人的祷告生活。大部分基督徒发现，每天固定一个时间祷告比较实际。通常这时间是设在一大早，在我们从事日常世俗活动之前。另一些人则感觉把一天最后的时间留出来祷告更好。也有的人两者兼而有之，有结合早晚祷告的习惯。对于每一个基督徒来说，个人的祷告时间应该取决于个人的方便，以及圣灵对每个人独特的带领。

但是，除了这些固定的个人祷告时间之外，几乎每个基督徒都会发现，有时候圣灵会呼召他们进入特别的祷告时段。这些一般都是源自突发危机或一些严重的问题，一般是针对每日定时的祷告没能解决的事项。这些特殊的祷告时段通常比每日定时的祷告更加深入，时间也更为长久。

同样的原则也适用于禁食。每一个已定意将禁食纳入个人属灵操练的基督徒，都应当在每周固定一段或多或少的时间进行禁食祷告。这样禁食和祷告一样，成为例行属灵操练的一部分。不过，除了每周的定时禁食之外，圣灵也会在特殊的场合呼召我们禁食，那样的禁食会更加深入，也更为长久。

实际上，人体对定时禁食的适应速度是惊人的。1949 至 1956 年间，我在英国伦敦的一个教区作牧师。在这些年里，我妻子和我把每周四作为禁食日。我们发现我们的胃也被"设定"在这一天不会饿，就像闹钟被设定在某一刻会闹铃一样。每当星期四来临之际，甚至有时我们自己都忘了这一天是什么日子，我们的胃就不会像平常那样对食物有特别的要求。我记得有一次莉迪亚对我说："今天一定是星期四，因为我早上没食欲，不想吃东西！"

卫理公会运动的早期就十分强调定时禁食。约翰·卫斯理本人也把禁食作为个人属灵操练的一部分。他教导说，早期教会把每周的星期三和星期五定作禁食日，因此他也敦促当时所有卫理公会信徒也要如此效法。事实上，他不会按立任何不在每周三、五禁食到下午四点的人为卫理公会的牧师。

当然，无论对祷告还是禁食而言，我们都需要防止受到任何形式的律法主义或墨守成规的束缚。在加拉太书 5 章 18 节中，保罗如此说：

"但你们若被圣灵引导，就不在律法以下"。

对于被圣灵引导的基督徒来说，祷告或禁食都不应成为一种固定的律法要求，就像当日在摩西律法之下的以色列人。因此，基督徒完全可以根据具体环境的要求或圣灵的指引，在任何时候自由地改变祷告与禁食的具体形式。没有任何理由，他要因着形式的改变而产生罪愆或因此自责。

在第六章中我们看到，耶稣在登山宝训中谈论禁食和祷告，使用的是一样的语言。他在教导个人祷告时说："你（单数）祷告的时候……" 在教导集体祷告时，主耶稣说："你们（复数）祷告的时候……" 同样地，主耶稣在教导个人和集体禁食时也是如此说。"你（单数）禁食的时候……" 是针对个人说的。"你们（复数）禁食的时候……" 适用集体聚会的时候。

基督徒一般都熟悉小组聚在一起的公开祷告。在多数教会，"祷告会" 已成为每周的惯例。圣经对聚在一起公开地禁食也有同样的强调。在第七、第八章中，我们详细查看了旧约中的一系列例子，都是神召聚祂的儿女聚集在一起公开的禁食。在第六章中，我们也看到，新约时代的早期教会也在整个会众中进行集体禁食，并且教会的领袖还要以身作则。

有人会反对说，耶稣曾警告他的门徒不要公开禁食。他们引用的是马太福音的经文：

"你们禁食的时候，要梳头洗脸，不要叫人看出你禁食来，只叫你暗中的父看见。你父在暗中察看，必然报答你。"（马太福音 6:17-18）

我们已经指出，耶稣在这里说话用的是单数形式，是针对个人而言的。这很符合逻辑。作为个别信徒，自己禁食就没必要把它公开化。

然而，在这之前的经文中，耶稣用复数形式谈论到集体禁食：

"你们禁食的时候，不可像那假冒为善的人，脸上带着愁容。因为他们把脸弄得难看，故意叫人看出他们是禁食。我实在告诉你们，他们已经得了他们的赏赐。"（马太福音 6:16）

在这节经文中，耶稣警告我们不要因着禁食而炫耀卖弄，但他并没有要求禁食只能在暗地私下里做。这也同样符合逻辑。很显然，除非有公开通知和安排，否则人们不可能聚在一起集体禁食。 这也就排除了禁食的隐秘性。

毫无疑问，基督徒只能私下隐秘禁食的理论，其背后一定有魔鬼在操纵。它剥夺了神的整个军备中最有力的武器 ---- 那就是， 集体公开的禁食。那些反对公开禁食的人通常总是强调需要 "谦卑"。但在这种场合下所谓的谦卑，其实就是不信或不顺服的一种文雅的宗教代名词罢了。

在确立了这些适用于祷告和禁食的基本原则后，我们现在可以专门来讨论禁食。多年来，根据我个人的经验，我已得到一些实用的指导原则，这些指导原则能帮助我们使禁食产生最大的果效。以下只是一些概要总结。为了方便起见，我们先来讲个人禁食， 然后再讲集体禁食。

个人禁食的指南

1、以积极的信心进入禁食。神要求每个寻求祂的人都要有这种信心。希伯来书 11 章 6 节说 ： "人非有信，就不能得神的喜悦。因为到神面前来的人，必须信有神，且信他赏赐那寻求他的人 "。如果你定意藉着禁食来不懈地寻求神， 你就有了基于圣经，得着神应许的权利。在马太福音六章18节中，耶稣对那些出于正确动机而进行禁食的信徒，也做了同样的应许 ： "你父在暗中察看，必然报答你。"

2、请记住以下经文 ： " 信道是从听道来的，听道是从基督的话来的。" （ 罗马书 10:17）你的禁食要基于对神话语的信靠，相信是神的道吩咐我们把禁食作为正常基督徒属灵操练的一部分。希望之前的三章内容能帮助你获得这样的信心。

3、不要等到有什么紧急情况，突发事件，才迫不得已开始禁食。最好的禁食开始时间是灵里 "刚强有力" 的时候，而不是 "疲乏软弱" 的时候。在神国里的进取法则是："力上加力"（诗篇 84 : 7）；"本于信，以致于信"（罗马书 1 : 17）；"荣上加荣"（哥林多后书 3 : 18）。

4、在才开始禁食的时候，不要将禁食的时间设定得太长。如果你是第一次禁食，可以先禁一至两餐。然后再逐步延长禁食时间，比如一到两天。最好在开始时你先定一个短时间为禁食目标，并且达成目标。如果你在起初就把禁食时间定得过长，假使你做不到的话，你会变得灰心泄气或干脆放弃禁食。

5、在禁食期间，你需要大量时间学习圣经。如可能，你应在每次祷告前先读一段圣经。诗篇是非常有帮助的一卷圣经。你可以大声朗读，让自己与诗篇中的作者一起祷告，一同赞美，一同在神面前悔改。

6、在禁食时制订一些具体的目标，写出目标清单，通常会对你有所帮助。要将目标清单保存好，并过一段时间后查看一下清单。当你看到清单上已经达成的目标，你的信心也会随之大大增强。

7、要避免那种宗教式的卖弄和自夸。除了特殊时期的祷告或其它属灵活动外，你在禁食时的生活与行为都应尽可能保持正常，不故弄玄虚。这就是耶稣在马太福音 6 章 16-18 对我们警告的精要所在。请记住，夸口和信心的法则彼此不能兼容。正如罗马书 3 章 27 节所说："既是这样，哪里能夸口呢。没有可夸的了。用何法没有的呢，是用立功之法吗。不是，乃用信主之法"。禁食不会使你从神那里得到任何奖章，这只是你作为一名委身的基督徒应尽的义务。你要铭记主耶稣在路加福音 17 章 10 节中的忠告："这样，你们作完了一切所吩咐的，只当说，我们是无用的仆人。所作的本是我们应当作的。"

8、每次你禁食的时候，都要注意检查你的动机。花时间再读一遍以赛亚书 58 章 1-12 节的经文，并且留意那些神不悦纳的动机与态度。然后学习，哪些动机和目标是讨神悦纳的，并将你的动机和目标与之保持一致。

禁食在身体方面的注意事项

如果操作谨慎得当，禁食对人身体是有益的。如果你希望让身体从禁食中得益处的话，就请留意以下几点注意事项

1、请记住哥林多前书 6 章 19 节的经文："你们的身子就是圣灵的殿"。如果你合理看顾你的身体，努力让它成为圣灵洁净与健康的殿，这是讨神喜悦的。当你合理进行禁食时，那么根据以赛亚书 58 章 8 节，由此所带来的具体益

处之一就是身体的健康。

2、如果你正在定期服用药物，或得了某种导致身体内耗的疾病，例如糖尿病或结核病，那么在你进行任何超过一至两餐的禁食之前，都应先听取医生的意见。

3、在禁食初期，你的身体可能会出现不舒服的症状，如头晕、头痛或恶心。通常这些症状表示你的禁食早就该进行了，你身体的各个部位都需要禁食对身体进行净化。不要让身体上的不适应症吓住你。请按照以西结书 4 章 3 节的经文："你要面对"，并按计划禁食到底。经过了第一、二天以后，这些不适应的身体反应通常就消失了。

4、要知道，饥饿部分是出于习惯。在禁食初期，饥饿感会在平时吃饭的时候出现。如果坚持下来了，饥饿感就会在你不吃任何东西的情况下自行消退。有时候，你可以在禁食期间以水代食，来糊弄一下你的胃，而不是让它完全真空。

5、需要留意便秘的问题。在禁食前后，应吃一些在这方面有所帮助的食物，如鲜果或果汁，干无花果，李子，杏子，燕麦等等。

6、在禁食期间，有的人只喝水。有的人会喝各种流质，如果汁、肉汤、或牛奶。最好不要喝例如茶或咖啡这类具有强烈刺激的饮料。不要受他人的理论的捆绑。你需要制定一个最适合你个人的禁食方式。

7、禁食期间不吃固体食物也不喝流质东西都是符合圣经的。但是，不要禁止流质食物超过七十二个小时。根据以斯帖记 4 章 16 节的记载，这是以斯帖和她的宫女们所定的界限，超过七十二小时不进流质会对人体产生灾难性的影响。不过根据申命记 9 章 9-18 节，摩西也两次经历了四十天不吃不喝。但当时的摩西处在与神同在的一种超自然的层面。除非你也置身于同样的超自然同在中，否则不要轻易尝试摩西的这种特殊经历。

8、要逐渐地停止禁食。停止禁食的起初，应吃一些清淡和易于消化的食物。禁食时间越长，停止禁食时越要多加注意。在这时，你需要锻炼良好的自我控制能力。禁食后吃得过多会产生身体严重的不适感，并会抵消由禁食给身体带来的益处。

9、任何超过两天时间的禁食都会使你的胃收缩。所以不要再一次将胃撑大。如果你之前倾向于吃得过饱的话，就要注意不要又恢复这种习惯。如果你能控制自己少吃一点的话，你的胃就会自动作出调节了。

集体禁食指南

对于集体禁食而言，上述所有针对个人禁食的指导原则一般都继续适用。除此之外，我们还需要特别留意下列和集体禁食有关的特别原则：

1、在马太福音 18 章 19 节中，耶稣强调了信徒们在一

起 " 同心合意 " 地祷告所释放出来的特别能力。为此，所有参加集体禁食的人，在做每件事时都要尽力彼此保持协调一致。

2、参与集体祷告的人应当彼此委身，在禁食期间为彼此代祷。

3、应当选定一个聚会点，使参加集体禁食的人都能在大家认同的时间聚集在一起。

神信实的见证

在即将结束这一章的时候，我想，用我个人对神信实的见证作结尾是十分恰当的。在过去的五十多年里，我曾多次将自己委身于特殊的祷告与禁食。其中我还为祷告制定了具体的目标并做了记录，至今我仍保存着这些记录。

当我现在回顾这些记录时，我时常惊奇看到，神是怎样多次、以多种不同途径来应允我的祷告。有的时候，我所记录的为具体祈求做祷告的日期和神应允这一祷告的日期相距很长时间，然而更多的情况是，我记录了祷告的祈求，之后又把它们给忘得一干二净。但当我今日回过来看我的记录时，却发现神并没有忘记。神以祂独特的方式，在祂所定的时间里，甚至应允了我早已忘到九霄云外的祈求。

在我写这章时，我手头上正好有一个记录，记下了我在 1951 年所做的一次特别禁食祷告。根据我的记录，这段禁食祷告的时间始于 7 月 24 日，并一直持续到 8 月 16 日，总共历时二十四天。那时，我正在做全职牧师，我继续负责我的日常工作，这也包括每周五次的崇拜和三次街头布道会。

有意思的是，对于这次的特别禁食祷告，我用了新约希腊话将祷告的目标写成一个完整的清单。那次我祈求的事情对于我来说是那么的隐秘和神圣，以至于我只想让神和我自己知道这个清单的内容。所以我就用了今天多数人不懂的语言来写它。

我把这一特殊的清单分成了五个主要部分：

1、我自己的属灵需要

2、我家庭的需要

3、教会的需要

4、我的国家的需要

5、世界的需要

那次祷告的许多事项都属于我个人的私事，所以不便公开。但有几点，我认为完全可以将它们讲出来。

当我查看我为家庭做的各种祈求时，我发现每个祈求都明确地得到了应许。这部分最后一个祈求是关于我母亲得救恩的事，这件事约在十四年后才得以成就。

在我为自己做的祈求中，有一项是操练四个特别的属灵恩赐。在那时候，我还不太了解我所寻求的恩赐究竟是怎样的。但今天我可以说，所有这四种恩赐都时常在我的事奉中彰显。

至于我为教会和世界所做的祈求，圣灵的普世浇灌在很大程度上成就了这些祈求的应验，这种浇灌至今还在发生。然而，如果神的子民在更大的范围内用禁食祷告恳切地寻求神，那么我相信，我们将会看到圣灵在整个世界上大大运行，就像历史曾经记载的那样。实际上，我们将要看见哈巴谷书2章14节中的预言得以应验的情景：

"认识耶和华荣耀的知识，要充满遍地，好像水充满洋海一般。"

在我为英国的祷告祈求中，到目前为止，只有一小部分得到成就。但是，在1953年，这次特别的禁食祷告两年之后，神有一天夜晚把我叫醒，用一种我能听到的声音对我说话。祂给我的第一个应许就是："在美国和英国将会有大复兴。"这样的大复兴已经在美国进行，在英国也有了开始复兴的证据。我毫不怀疑神的应许会在英国得以成就。藉着祂的恩典，我期望能成为一个见证。

当我默想这些对神的大能与信实的经历时，我的脑海里同时也浮现出保罗在以弗所书3章20-21节所说的话：

"神能照着运行在我们心里的大力，充充足足的成就一切超过我们所求所想的。但愿他在教会中，并在基督耶稣里，得着荣耀，直到世世代代，永永远远。阿们。"

第十章、以禁食打下根基

在 1970-1971 年间，马萨诸塞州的普利茅斯市组织了清教徒登陆北美三百五十周年的大型庆典。当时成立了一个特别的委员会，着手为各类的相关庆祝活动做组织工作。这个委员会当时也邀请我在该市的教会进行一系列的讲道，并且带我旅游参观。在其间，我有幸拜读了一本出自美国 "清教徒前辈移民" 之一的一位名叫威廉·布雷德福所著的一本书，《关于普利茅斯种植园》。第一次，我开始深入了解那一段尘封的历史。

清教徒移民的背景

出于英国的教育背景，使我对清教徒几乎没有任何认知。"清教徒先辈" 这个称谓，在我脑海里总是一个模糊不清的印象。以为好像这些清教徒早期移民都是一批白发苍髯、身穿深色牧师制服的男性老者。我很惊讶地发现，其实当年来到美洲的清教徒移民大部分都是年轻男女。比如威廉·布雷德福在 1621 年被选为殖民地总督时，才年仅三十一岁。大多数其他的清教徒也大约在这个年纪，甚或更为年轻。在现在的普利茅斯港，有一艘复制的 "五月花" 号船停在那里，甲板上矗立着步雷德福和他同伴们的蜡像，他们和现在那些被称为属基督的人是如此的截然不同。

当我在研读步雷德福就发现普利茅斯殖民地，及其早期斗争所做的原始记录时，我的灵里逐渐对步雷德福以及他的清教徒移民同伴们产生了一种强烈的亲切感。我发现，他们的整个生活方式都是建立在系统地学习和应用圣经的基础上的。这种系统学习带给他们的结论和认信与我自己的经验完全一致。鉴于此，我感到我完全有理由来引用步雷德福书中的内容，来继续拓展我们现在讨论的主题。

鉴于我自己的学习背景，我非常有兴趣了解，这些清教徒的属灵领袖中，有多少人和我一样在剑桥待过。随后我就发现了有三位来自英国的领袖，和我有类似的学习经历。

在普利茅斯参观访问的那几个月，我也同时在美国很多地方旅游，参与了很多会议。于是，我和遇到的人分享我从《关于普利茅斯种植园》这本书中的所得。出乎我意料之外，几乎所有我遇到的人都对这一话题无知。很多土生土长，并受过一定教育的美国人，声称从未听说过这本书。极少数人承认他们听过这本书的名字，但是，就我所记得的，无人读过这本书。

鉴于此，我觉得我完全有理由在我们现在研读的主题中，引用步雷斯福书中的若干片段。

步雷德福在童年和青年时的属灵经历决定了他生命的整个历程。下面是莫里森在步雷德福所著一书序言中对他这些经历的概述：

"威廉· 步雷德福于 1590 早春生于约克郡的奥斯特菲

尔德市。十二岁时，他就成了圣经的忠实读者。当他还
是少年时，他已深受神话语的感动，并加入了一群清教
徒的聚会，和他们一起祷告和讨论。聚会的地点就在位
于斯库比附近村里的威廉· 布鲁斯特的家中。后来这
群清教徒在理查德· 里福顿牧师的感召下，于 1606 年
组建了自己独立的公理会。不顾他叔叔的震怒和邻居的
嘲笑，步雷斯福加入了这间教会。从那天起直到半个世
纪后他去逝，步雷德福的生活就一直围绕着他的教会和
会众，先是在斯库比，后又在低区，最后在新英格兰。

恢复，而不是改革

尽管清教徒移民和本土清教徒在起初有一定关联，但他
们之间是有重大区别的。双方虽都认为有宗教改革的必要
性，但他们在实现改革的方式上却有不同的见解。本土清
教徒决定留在原教会中， 从教会内部实行改革。如果实在
必要，可以采取强制的办法。而清教徒移民却寻求自身的自
由，拒绝利用世俗机构将观点强加于人。以下所引用的源自
伦纳德· 培根在《新英格兰教会的起源》一书中的选段，就
阐明了上述观点的不同 ：

"在大洋彼岸的旧世界，清教徒属于国民主义者，他们
认为一个基督徒国家就是一个基督教会，要求英国国教
应该彻底改革。而清教徒移民则属于脱离主义者，不但

脱离国教祷告手册所代表的宗教律例和伊丽莎白女王的主教制度，还要从所有的国家教会中脱离出来 ……。

美国最初移民向往的是自己与妻儿以及他的弟兄们，都得以自由地在基督徒生命中与神同行，因为基督徒生命的法则与准绳都已清楚地在神的话语中彰显。为此他们踏上了流亡的征途，跨越大洋，以旷野为家。而清教徒的观点则不是寻求自由，而是要教会与国家拥有合理的体制，这种体制不仅让他们自己，而且其他人都行走在正确的道路上。"

清教徒和美国最初移民双方的不同点可以用两个词来表达："改革"和"恢复"。清教徒寻求的是改革现存的教会本身，而美国最初的移民则相信，神的最终目的却是要恢复教会，将教会恢复到新约起初所描绘的情形。步雷德福在书中第一章的第一段就十分清晰地表达了最初移民这一复兴的异象，书中第 3 页说到：

"…… 神的教会要回到古时的纯洁，要恢复原有的秩序、自由和美善。"

后来在这一章第 6 页中，步雷德福又回到了这一主题，阐明美国最初移民的目的：

"（他们力求）根据福音的简朴性在教会中确立正确的敬拜方式和属灵操练，而不掺杂人意的添加；并能遵守神话语的法则，根据圣经原则，通过牧师、教师和长老来管理教会。"

书中第九页提到本于上述原则，最初在诺丁汉郡、林肯郡和约克郡的信徒团契：

"……（籍着主的约）通过福音团契将他们联合为教会，并在主的帮助下竭尽全力去行神的道路，不论付出多大代价。"

后来，这些清教徒都搬到了荷兰的莱顿市。步雷德福在第 19 页对他们在莱顿的生活描写道：

"…… 他们就像后来其它教会所做的那样，竭力仿效初期教会的生活方式。"

在第四章第 25 页中，步雷德福对清教徒移民迁移美洲的初衷再一次做了描写：

"他们怀着巨大的盼望和发自内心的燃烧激情，一同来建造良好的信仰根基 …… 在地极促进福音的传播。哪怕仅仅作为他人完成这一重大任务的铺路石，他们也都心甘情愿。"

宣告公共禁食

最初的清教徒移民为了实现他们属灵的目标，特别应用了共同联合祷告和禁食的方式。步雷德福在书中多处提及了这一点。其中最感人的段落之一就是第 47 页描写清教徒移民准备离开雷顿的那一幕：

"准备离开前，他们花了一天的时间来刻苦己心。他们

的牧师(约翰 · 鲁宾逊) 当天用以斯拉记 8 章 21 节作为
讲道的圣经章节：

那时，我在亚哈瓦河边宣告禁食，为要在我们神面前刻
苦己心，求他使我们和妇人孩子，并一切所有的，都得
平坦的道路"。

对于他们当时的情形，他（ 鲁宾逊 ）那天以这段经文讲
道是最合时的，也使大家受益非浅。接下来，他们所有
人在主面前倾心吐意，迫切地流泪祷。"

步雷德福使用 " 刻苦己心 " 这个词表明清教徒移民十
分清楚禁食和谦卑自我在灵里的关联，我们在这个主题的第
6-8 章中曾有过说明。鲁宾逊选择以斯拉记作为讲道的题目
真是再合适不过了。清教徒移民迁徙美洲，与以斯拉带领流
亡的以色列人从巴比伦到耶路撒冷，去帮助恢复神的殿，无
论在动机还是经历上，这两件事都十分相似。

弗娜 · 霍尔在《美国宪法中的基督教历史》一书中第
184 页记载了爱德华 · 温斯洛对鲁宾逊讲道结束部分的说
明：

"我们不久就要各奔东西，主知道鲁宾逊是否会活着和
我们再一次见面。然而，无论主怎样安排，鲁宾逊在神
和他的神圣天使们面前要求我们跟随他不能超过跟随基
督。如果神愿意籍著其它器皿向我们彰显什么的话，我
们要准备好接受它，就像从前我们接受鲁宾逊通过讲道
向我们传播的真理一样，因为他坚信主籍著他圣洁的道

会向我们显明更多的真理与光。鲁宾逊借此为新教教会
在信仰上停滞不前而表达了内心的悲哀，他也只能作他
们（指那些改革领袖们）改革的工具，仅此而已。

举例来说，路德会的信徒们不能走得比路德所看到的更
远。尽管神已将他的旨意更进一步地晓谕和显明给了
加尔文，但他们（路德会的信徒们）宁可死也不愿接受
它，鲁宾逊还进一步地说：再看加尔文的信徒，他们就
停留在加尔文离开他们的地方，这是一件多么可悲的事
情。虽然他们在那个年代属于珍贵闪亮的光，但神没有
将他的全部旨意晓谕他们。他继续说道，如果他们现在
还活着的话，他们就会向从前一样准备并且愿意接受进
一步的光照。

在这里鲁宾逊要我们记住我们教会与神所定的约，无论
神的道向我们晓谕什么真理，我们都要接受。不过，他
也还告诫我们，要留心所接受的东西，要我们在接受
前查验，并和圣经的其他真理进行比较，反复思考。他
说，基督教世界刚刚才冲破强劲的反基督的黑暗势力，
知识在一瞬间就得以充分完美地展现是不可能的。"

约翰 · 鲁宾逊这次讲道的内容总结了最初移民的基本神
学立场。这也可以从对他们的称呼上显示出来，他们称自己
是天路客。他们并没有声称他们对所有的真理已达到最终的
理解，只不过行在旅途，正在进一步寻求真理的启示，就像
他们遵循已经接受的真理一样。

步雷德福自己也坚信，他和他的同伴就像新旧约中的圣徒一样，也处于属灵的旅途中，他时常借用圣经的语言来表达他的感受和内心的回应。在第 9 章，他描写了 "五月花" 号船达到科德角半岛时的情景，最初的移民当时遇到许多危险和艰难。他是这样结束这一章的 :

"现在除了神的灵和祂的恩典还有什么能够支撑住他们？这些前辈的后代难道不应该说：" 我们的祖先是英国人，他们跨越大洋，并知道荒野会完全毁灭他们。然而他们哀求耶和华，耶和华听见他们的声音，看见他们所受的困苦。(这里步雷德福借用了申命记 26 章 5、7节的措辞。)

所以他们要称谢耶和华，因为他本为善，他的怜悯永远长存！ 是啊，愿耶和华的赎民说这话，向世人显明他怎样从压迫者手中将他们救赎。他们在旷野荒地漂流，寻不见可住的城邑。又饥又渴，心力交瘁。让他们在众人面前向耶和华承认他的慈爱和他向人所行的奇事。(这是诗篇一百零七章 1-5、8 节的步雷德福版本)"

对于诸多步雷德福所记录的神应允他祷告的例子，这里不可能一一引用，但有一个集体禁食的例子必须要提一下。在 1623 年的夏天，初期移民精心种植的玉米受到了威胁，书中第 131-132 页这样描述 :

"...... 严重的干旱从五月的第三周起一直持续到七月中旬。天上没下一滴雨，大部分时间气候异常炎热。地里的玉米已开始枯萎……。某些地区的玉米被太阳烤得像干草一样……。于是，他们专门用一天的时间来刻苦己心，用谦卑和热切的祷告来寻求主的旨意……。主悦纳了他们的祷告，并赐给他们慈爱和迅速的应允。这一次不但使最初的移民，也令印地安人赞叹不已，惊奇无比……。那天的整个上午和其余的大部分时间一直是晴天且十分炎热，空中见不到一丝云和要下雨的迹象。然而，快到晚上的时候，天上开始多云，不久就下起了甜蜜的细雨，令他们欣喜若狂并感谢和赞美神……。"

通常，在这种干旱的情况下所下的一定是雷暴雨，那样就会把玉米吹倒，使收获的最后一线希望也破灭了。但是情况却正相反，步雷德福继续写道：

"这一次即没有风也没有雷暴，而这么多的雨水却是渐渐地下来，好让土地将水份完全吸收。这样，枯萎的玉米和其它水果就明显恢复了生机，大家看了感到万分惊叹，同时也让印地安人吃惊不已。后来，主就籍著他的祝福及时供应他们雨水，赐给他们温暖交替的气候，使他们获得了硕果累累的大丰收……。对于神的怜悯和及时的帮助，他们又专门分别出来一天来感恩。

这种分别出来特别的一天用来祷告和禁食的做法后来成了普利茅斯殖民地人们生活的一部分。1636 年 11 月 15 日，通过了一条法律，允许殖民地总督及其助理"在需要时候，宣告分别出特别一日，使民众以禁食等方式来刻苦己心，或者用来感恩。"

在这个主题的第八章中，我们查看了以赛亚书所记载的话，即神定会将他的应许赐给那些以神所悦纳的方式进行禁食的人。我们可以从以下这节经文看到应许的巅峰时刻，以赛亚书 58 章 12 节如此描述：

> "那些出于你的人，必修造久已荒废之处。你要建
> 立拆毁累代的根基。你必称为补破口的，和重修路
> 径与人居住的。"

历史已经表明，美国的初期移民正是以这节经文中所应许的方式进行禁食，方取得出色的成就。无论在属灵方面还是政治上，他们都为 "后面的几代人建立了根基"。三个半世纪后的今天，美国人仍然还是在最初的清教徒移民建立起的根基上，继续建造。

第十一章、美国历史上宣告的禁食

在美国最初移民设立公开禁食日以后的几代人中，他们都沿用了这一做法。以下就是这种做法在美国历史文献中的记载：

乔治·华盛顿和佛吉尼亚州议会

1774 年 5 月，英国议会已下令要在 6 月 1 日封闭马萨诸赛州的波士顿市港。消息传到了佛吉尼亚州的威廉斯堡市，立时，佛吉尼亚州的下议院通过了一项决议，抗议英政府的这一行为，并选定 6 月 1 日作为禁食、刻苦己心和祷告日。

下面是该决议的主要部分，它记录在由约翰潘多顿· 肯尼迪编辑的《1773-1776 年佛吉尼亚州下议院议事录》上：

"乔治三世 14 卷，记于 1774 年 5 月 24 日星期二

本院对行将出现的巨大危机深表忧虑。该危机涉及到不列颠美洲，起源于马塞诸塞湾的殖民地波士顿和将要遭到的敌对侵犯。该市的商业以及港口要在今年六月的第一天被一支武装力量封锁。故本院认为完全有必要由本院议员将这六月的第一天设立为禁食、谦卑、祷告日，虔敬地祈求神的干预，以避免这一毁灭我们人权的重大灾难，消除这一引起内战的祸根。我们要用各种正义和

适当的方式，一心一意地起来反对任何危害美国人民权力的行为……。

鉴于此，因上述目的，本院议员在今年六月的第一天上午十点钟和发言人及议长去本市的教堂，指定由鲁赖斯牧师祷告，由高特金牧师做适时的证道。"

该决议得以贯彻的证明人正是乔治· 华盛顿本人，因为他在六月的一日那天的日记上写着：" 去了教堂并禁食了一整天。"(1799年乔治· 华盛顿日记，由约翰· 菲茨帕特里克编辑)

决议和华盛顿日记中提到的教堂就是威廉斯堡市的布鲁顿牧区教堂。

华盛顿不仅相信祷告是为了得到神的干预，而且还相信当祷告被应允时我们要感谢神的干预。1795 年 1 月 1 日，华盛顿作为美国总统发布公告，设定 1795 年 2 月 19 日为国家感恩祷告日。下面为该公告的部分内容：

" 当我们回顾许多其它国家深受之苦的灾难，美国的现状却为我们带来了许多安慰和满足……。在这种情况下，作为美国人民，我们的义务应为，以一种特有的方式，并带著敬畏之心和感激之情，承认我们在许多方面极大地亏欠了全能的神，要祈求神向过去一样继续赐福我们。

鉴于对上述观点的深刻感受，我，乔治· 华盛顿，美国总统，向全体宗教界及各教派，向全体在美国境内的人们，衷心地提议将今年二月十九日星期四定为公共感恩祷告日。让我们在那天相聚在一起，将我们真诚由衷的感谢献给那万国的伟大主宰，因为正是祂彰显怜悯将我们分别出来，组成了一个国家 ......。同时，我们还应谦卑热切地祈求那万福的仁慈创造主不断地赐福给我们。我们要在心中深刻地铭记我们对祂诸多的感恩，这些感恩能够让我们正确地看到它们那无限的价值，免得我们因富足而自夸，因妄为的追求而破坏我们享有的优势，也使得我们能够继续承受祂的恩惠，但不是滥用这些恩惠，而是怀著感激之情善用它们，并以作为公民和人应有的相应行为来回应。我们要不断地使这个国家成为其它国家中那些不幸者既安全又可靠的避难所。同时我们要在我们中间传播真理和有用的知识，要广泛传播并确立自制、秩序、道德和虔敬的习惯，并要最终将我们所拥有的或是为我们自己所祈求的祝福与全人类来分享。"

（美国国会法案及决议案汇编，第 11 卷，附录 5）

亚当斯和麦迪逊公布的禁食日

在美国第二任总统约翰·亚当斯执政期间，美国正处于和法国即将开战的边缘。1798 年 3 月 23 日，亚当斯公布将 1798 年 5 月 9 日定为严肃谦卑和禁食祷告日。这篇公告的部分如下：

"鉴于国家的安全与繁荣最终在根本上，是依赖全能上帝的保护和祝福；鉴于全国人民承认这个真理，不仅是人民对神应负的不可推卸的责任，而且也是一个其影响会有利于促进道德和敬虔的责任。如果我们没有这种责任感，社会的幸福就不能存在，人民就无法享受神对这个国家的祝福……。鉴于美利坚合众国目前正处于危险与磨难之中，一股外国势力（即法国）在对我们采取不友善的行为并提出不合理的要求……。我认为，为我们国家祈求上天的怜悯与祝福，在此时此刻，是吾国吾民需要关注的当务之急。

故此我庄严倡议，下一个月的五月九日星期三作为美国全体人民严肃谦卑、禁食祷告的日子。各州的公民要在那一天停止从事所有的日常世俗工作，向怜悯的天父献上他们虔诚的祷告，并愿意以最严谨、最恰当的方式来向神祷告。所有的教会会众要以最谦卑的态度，向神承认我们个人或国家多方面的罪与过失，同时，我们还要籍著救主耶稣向神恳求祂那无尽的恩典，祈求祂无偿地赦免我们所有的罪行，并赐圣灵的帮助使我们愿意真心悔改，好让我们有理由去期望，可以得到祂那无法估量的恩惠和无比美好的祝福。让我们把以下作为一项具体和真诚的祈求，求神保护我们的国家免遭各种威胁它的危险，维护我们的民权和信仰权力不受侵犯，并长存到千秋万代……。"

（美国国会法案及决议案汇编，第 11 卷，附录 7）

在美国第四任总统詹姆斯·麦迪逊任职期间，美国和英国处于作战状态。面对这种情形，国会两院通过一项联合决议，要求设立一天为公众谦卑禁食祷告日。为此，麦迪逊总统将此日设立在 1815 年 1 月 12 日。以下是这篇公告的开头：

"国家议会两院在目前处于灾难与战争之际，特此通过一项联合决议，建议设立一天为美国人民公众谦卑禁食祷告日，祈求全能的神保护这个国家的安全与安康，保守我们所得的祝福，并迅速恢复这里的和平。我认为有必要借此公告，建议把明年一月十二日星期四分别出来为一个特殊的日子。在这一天，所有的人都有机会在各自的场所里，向天地的主宰我们的神，自愿地献上他们虔诚的敬拜，承认自己的罪与过失，并坚定认罪悔改的誓言……。"

（美国国会法案及决议案汇编，第 11 卷，附录 14）

这次全国禁食祷告日所带来的结果，是对神在以赛亚书 65 章 24 节中所做的应许的一次历史性应验：

"他们尚未求告，我就应允；正说话的时候，我就垂听。"

就在麦迪逊总统所定之日的四天前，这次战争的最后一战在新奥尔良打响了，结果美国取得了胜利。国家又立刻恢复了和平。因此，国会两院请求麦迪逊总统公布设立一天

为公共感恩日。这一天就被选在 1815 年 4 月的第二个星期四。以下就是这篇公告的部分内容 :

"美国参众两院现通过一项联合决议,特此建议设立一天作为全美国人民以宗教庄严进行感恩的日子,虔诚地感谢全能的神, 在恢复对美国人民赐予和平的祝福时所彰显的极大仁慈。

没有任何一国的人民比美国人民更应感到有义务来赞美神的慈爱,因为祂是万事和万国命运的主宰。最初就是他那慈爱的安排,将他们带领到了世界上最适合居住的地方之一 -- 这块北美的土地上。

在他们早期遇到各种艰难困苦时,祂保守爱护他们。在祂的养育和关爱下,他们的习惯、情操以及追求都得着充分的预备, 从而在时间成熟之机,使他们能够组成一个独立自主的国家。当争取独立面临艰巨的斗争时,祂也多次以祂那仁慈的手将他们解救出来。在随后的时期,祂培养他们,使他们变得坚强,赋予他们各种能力使他们在另一场艰巨的冲突中能维护国家的权利,巩固国家的特色,终于战争令人愉快地结束了,并且还与曾经是他们敌人的人有了和解。

对于神的这些祝福,特别是恢复和平的祝福,我现在倡议,设立今年四月的第二个星期四为特殊的日子。在这一天,各个教派的人们应在他们的聚会中,彼此联合,自愿地向他们在天上的施恩者献上崇敬的感谢与赞美的歌声。"

(美国国会法案决议案汇编,第11卷,附录16)

林肯公布的三次禁食

在亚伯拉罕‧ 林肯任美国总统期间,他分别公布了三次全国性的谦卑禁食祷告日。每次公布这一特殊日子的主要起因都是南北战争,每次祈求的中心主题都是为了恢复国家的和平与统一。

林肯总统首次公布这一特殊日子是应国会两院联合委员会的请求。为此分别出来的日子是 1861 年 9 月的最后一个星期四。以下就是这篇公告的部分内容:

"国会两院联合委员会听候美国总统,并请求他提议设立一个公众谦卑禁食祷告日,要求美国人民为了美国的安全与幸福, 为了他们所得到的祝福以及为了和平的迅速恢复,用宗教庄严向全能的神献上迫切的祈求。"

"对所有的人来说,在任何时候都应该感谢和尊崇神为至高无上的主宰,应该谦卑地屈膝服从祂的惩戒,承认和痛恨他们的罪与过失,充分相信敬畏耶和华是智慧的开端,为了使他们过去的罪行得以赦免,为了他们现在及将来的行为能得到祝福,要以一颗完全热切和痛悔的心来祷告……。

鉴于此,我,亚伯拉罕‧ 林肯,美国总统,特确定今年九月的最后一个星期四为全国人民谦卑禁食祷告日。同时我向全体人民，特别是向各教派的全体牧师和教师，以及向所有家庭的头，恳切地建议：以最谦卑的心，并根据各自不同的信条及崇拜形式，以完全的信仰庄严来谨守此日，目的在于全国联合祷告的声音能升至施恩的宝座，带下来丰盛的祝福，临到我们的国家。"

（美国国会法案及决议案汇编，第12卷，附录8）

林肯总统在他的宣言书中特别提出了"所有家庭的元首"，因为他显然把禁食祷告想作是在全国的各个家庭中进行的，即父母和孩子联合起来敬拜祈求。从这些方面我们都可以看到，林肯总统的公告，无论在语言表达还是属灵层面，都和圣经完全一致。

林肯总统的第二个宣言书在本书的第一章被完整地记录。

第三份宣言书是按照国会两院的一项共同决议请求发布的，所设立的日子是1864年8月的第一个星期四。在这篇公告的结束段中，林肯总统有一项特殊的提议，他希望国家事务中每个领域里的所有掌管职权的人都能够精诚合作：

"我在此还请求政府管理部门的首领，连同所有的议会议员，所有的法官和执法官，所有这块土地上的其他治理者 ... 以及所有美国的守法公民，在那一天集聚在任何他们愿意的公开崇拜的场所，向茫茫苍天，全能慈悲的主宰献上他们的敬拜、悔改和祈求，这也是美国国会向全体国民庄严、恳切和虔诚的提议。"

（美国国会法案及决议案汇编，第 13 卷，附录 17)

我们虽在此不敢断言，上述所列出的美国历史上有记载的公众禁食日已十分全面或完美。但如果把它们与我们在前一讲对美国最初移民的描写相结合，就足以辨明一个历史事实：那就是，从十七世纪开始直到至少十九世纪的下半个世纪，公众禁食祷告日在决定美国国家命运方面，起到了关键性的和持久的作用。

面对国家的这些官方历史文献，善于思考的美国人都会问自己这样一个问题：我们现在所享有的祝福与特权，有多少是通过前辈的领袖和治理者的祷告而获得的呢？

今天，当我们回顾过去三百五十多年以来的美国历史，我们会对它产生一种印象：好似在观看一幅精美复杂的编制图案，多彩的丝线和不同的质地穿插其中。在这精致的图案里，每根丝线都代表着不同的背景和与之相连的不同动机与目标。透过这幅图案，我们可以清晰地分辩出一根主线，这主线是神在这个国家的旨意。藉着美国初期移民的团契生活和他们的联合禁食祷告，他们得着了神对这个国家的旨意。对于一代又一代的美国人来说，总有一群同心合意的基督徒籍著信心、祷告与禁食不断持守，行在神命定的路上。虽然离最终完全成就神的旨意还差之甚远。这也是这个主题的最后一讲所要专门讲到的。

第十二章、巅峰时刻：荣耀的教会

在这本书的开头几章中我们看到，耶稣基督的教会有圣灵居于其中，它是神在地上的主要代表，也是神在这个时代向全世界传播祂旨意的中介。再往后，在第八章中我们看到，籍著圣灵的春雨，神现在正复兴重建教会，让教会重新回到祂原定的标准：纯洁、有能力并且有序。一旦教会复兴，它就能完成神交给它在这世上的使命，将神对这末世的旨意带向得胜的高峰。

使徒保罗对荣美教会的描述

在保罗给以弗所教会的信中，他描写了教会应如何才能变得荣美，以及荣美的教会该是如何。在以弗所书 1 章 22-23 节中他告诉我们，教会是基督的身体，基督是这身体唯一的、至高的元首。

接下来在以弗所书第四章，保罗列举了基督赐予教会的主要职分以及与之相应的目的：

> "他所赐的有使徒，有先知。有传福音的。有牧师和教师。为要成全圣徒，各尽其职，建立基督的身体。直等到我们众人在真道上同归于一，认识神的儿子，得以长大成人，满有基督长成的身量。"
>
> （以弗所 :4:11-13）

149

保罗在第 11 节中列举了教会的五个主要职分 ：使徒、先知、传福音的、牧师以及教师。第 12 节他告诉了我们这些职分的目的 ：是为了造就和建立基督的身体。第 13 节中他进而给出了荣美的身体的四个特征。这一节还可以更加详尽地描述为 ："直等到我们众人在真道上同归于一，承认神的儿子，得以完全长大，生命成熟，满有基督完美成熟的身量。"

我们太多的时候以一种静态的观念看待教会，认为其停泄不前，这实际上并不正确。实际上，教会是处于一种不断成长，不断发展的状态。第 13 节的头一个词 "直等到" 就表明，我们目前正在走向一个预定的终结。这一点是由 "在真道上同归于一" 这段话所确认的。我们现在还没有在真道上同归于一。只要看一眼我们周围各种不同的教会团体，观点迥异的教派，就足以相信这一点了。但我们却仍然在走向这种 "同归于一"。当所有真正的基督徒都在真道上同归于一时，这一时刻就来到了。

保罗在紧接着的句子里就表明了走向这种同归于一的途径就是 "（承认）神的儿子"。新约里的所有教义都是以基督和祂的工作为中心 ：救恩的教义以救主耶稣为中心，医治的教义以 "医治者耶稣" 为中心，成圣的教义以 "洗净我们的那一位主耶稣" 为中心，释放的教义以 "释放者主耶稣" 为中心，还有其它基督教的重要教义，但每条教义真正而完全的含意都体现在基督耶稣和祂的工作中。历史已经表明，基督徒不是靠抽象地讨论教义而达成同归于一的，只有当他们愿意在基督的丰盛里承认祂，在他们的生命里和教会中给基督应有的位置，基督教的各条教义才能都在基督里完全吻合，就像轮子和轮毂吻合一样。所以，"在真道上同归于一"的途径就是"（承认）神的儿子。"

这也使我们"得以长大（为成熟的人）"。教会正在生命成长，长大成熟。这个"人"--- 教会，如果长到成熟的身量，他就能在基督所有的丰盛里代表基督，从最真实的意义上体现基督。他就会作为基督的身体实现神对教会的旨意：即对基督的完美启示。只有具备了所有的恩典、恩赐和职分后，这一完美的教会才能向世界展现完美的基督。

在以弗所书第 5 章中，保罗描绘了教会在末世的景象。前面他已经将教会描写成基督的身体。在这章中，他把教会描写成基督的新娘，将基督和祂教会的关系比拟为丈夫与其妻子的关系：

> "你们作丈夫的，要爱你们的妻子，正如基督爱教
> 会，为教会舍己。要用水藉着道，把教会洗净，成
> 为圣洁。"（以弗所书 5:25-26）

在这些经节中，保罗从两个主要方面来描写基督：首先是作为救赎者，然后是洁净者。救赎的方法是籍著基督的宝血，洗净成圣的方法是籍著神的道。基督首先用祂洒在十字

架上的宝血赎回了教会，然后用祂的道使教会净化成圣。神
的道的净化作用就和清水洗净的作用类似。要想使教会得着
荣美，基督的这两个职分缺一不可。

这一点也和约翰壹书 5 章 6-7 节中对基督的描绘如出一
辙：

> "这藉着水和血而来的就是耶稣基督。不是单用
> 水，乃是用水又用血。并且有圣灵作见证，因为圣
> 灵就是真理。"

基督籍著祂洒在十字架上的宝血，成就了教会的救赎，
籍著神的道这一洁净的水，给教会带来了洁净。而圣灵可以
为基督在这两方面为教会成就的大事上作见证。藉着当今 "
春雨"的浇灌，圣灵再一次将祂属神权柄的全部重点放在了
神对教会的这两项预备上：用基督的宝血救赎，用神的道净
化。这两方面都是教会得以完全，得着荣美的根本所在。

在以弗所书 5 章 27 节中，保罗继续对基督藉着这双重
职分将要在教会所取得的结果作了描述：

> "可以献给自己，作个荣耀的教会，毫无玷污皱纹
> 等类的病，乃是圣洁没有瑕疵的。"

正如上述经文所描述的，教会的首要特征，也是最显明
的特征，就是它将来的荣耀。也就是说，它要被神的荣耀所

充满。"荣耀"这个词表示神向人类的感官与意识彰显祂的存在。神救赎以色列出埃及后，这一荣耀就以云的形式出现。它覆盖着旷野上的会幕，也充满和照亮了会幕内的至圣所。同样地，完全的教会也要被神的荣耀覆盖、充满和照亮，从而使它成为圣洁，且没有瑕疵。

保罗在以弗所书中所描述的教会图画，也是主耶稣基督在天父面前为祂门徒祷告的具体实现：

"你所赐给我的荣耀，我已赐给他们，使他们合而为一，像我们合而为一。"（约翰福音 17 章 22 节）

由此可见，是荣耀带来合一。反之也成立。只有合一的教会才能彰显神的荣耀。在上一节经文，主耶稣说："叫世人可以信"，而在下一节经文，主耶稣说："叫世人知道"。合一并且得荣耀的教会是带给全世界的耶稣基督的见证。

结合保罗在以弗所书四章 13 节和 5 章 27 节中对教会的描写，我们可以得出教会在末世的七个不同特征：

1、教会将要在真道上同归于一。

2、教会将要在基督的位格及其工作的每个方面承认祂是教会的元首。

3、教会将要长大成熟。

4、荣美的教会将要向世界展现荣美的基督。

5、教会将要被神的荣耀充满。

6、教会将成为圣洁。

7、教会将没有瑕疵。

在这七个特征中，前四个描写的是教会将成为基督荣美的身体，后三个描写的是教会将成为基督荣美的新娘。

以赛亚对末世教会的描绘

旧约里的不同预言书可以为新约所描绘的末世教会情形作见证。这些预言书中最引入注目的就是以赛亚书。它描绘了末世教会在一片普世的黑暗、痛苦和困惑中，以神的荣耀与能力突涌而出：

"如此，人从日落之处，必敬畏耶和华的名。从日出之地，也必敬畏他的荣耀。因为仇敌好像急流的河水冲来，是耶和华之气所驱逐的。必有一位救赎主，来到锡安雅各族中转离过犯的人那里。这是耶和华说的。耶和华说，至于我与他们所立的约，乃是这样。我加给你的灵，传给你的话，必不离你的口，也不离你后裔与你后裔之后裔的口，从今直到永远。这是耶和华说的"。（以赛亚书 59:19-21）

接着，以赛亚书 60 章 1-5 节又说：

"兴起发光。因为你的光已经来到，耶和华的荣耀
发现照耀你。看哪，黑暗遮盖大地，幽暗遮盖万
民。耶和华却要显现照耀你，他的荣耀要现在你身
上。万国要来就你的光， 君王要来就你发现的光
辉。你举目向四方观看。众人都聚集来到你这里。
你的众子从远方而来，你的众女也被怀抱而来。那
时你看见就有光荣，你心又跳动，又宽畅。因为大
海丰盛的货物，必转来归你，列国的财宝，也必来
归你 "。

在第 59 章 19 节的前半部分中，以赛亚宣告了神的最终
旨意，要通过下面这几方面来实现这一旨意：

"如此，人从日落之处必敬畏耶和华的名；从日出
之地，也必敬畏他的荣耀。"

神的荣耀必要在全世界得以彰显，使得万国都为之畏
惧、惊叹。这一节的后半部分揭露了撒旦，即 "仇敌"，
"好像急流的河水" 而来，牠企图阻挡神的旨意的实现，
然而圣灵必将推翻撒旦的阻挡。历史证明，当人类处于最黑
暗的时刻，他们所呼求的就是神的奇妙干预。这就是罗马书
5 章 20 节所说的："罪在哪里显多"，神的恩典就 "更显
多了"。

以赛亚在这里将圣灵比喻成耶和华军队中的旗手。正当

155

处于危难之中的神的儿女要被彻底驱散和击垮时，圣灵举起了耶和华神的军旗。它鼓舞着神的儿女看到神就要来搭救他们，从而使他们能从四面八方来聚在神高举的军旗周围，并重组全新的防守。

那么圣灵在这里高举的军旗代表什么呢？在约翰福音 16 章 13-14 节中耶稣说到圣灵的到来，并宣告说："他要荣耀我"。圣灵只有一面军旗要高举，它不是某种制度、或某个教派、或某条教义，而是一个位格。正如希伯来书 13 章 8 节所说的：

"耶稣基督，昨日、今日、一直到永远是一样的"。

对于每一位真正的信徒，他们都要忠于这面旗帜，因为它代表着居首位的耶稣。任何其它的承诺委身，不管是对教会制度、教派或教义都位居其次。真正的信徒无论何时看见圣灵高举基督这面旗帜，他们都会聚集在旗帜周围。

第二次世界大战后的几十年里，以赛亚书 59 章 19 节后半部分的预言已经准确地得到了应验。第一，"仇敌好像急流的河水冲来"。撒旦在人们生活各个领域的影响和活动都嚣张到了空前无比的程度，包括在宗教、道德、社会、政治等领域。第二，"是耶和华之气所驱逐的"。基督教世界的各个部分都已开始经历到圣灵至高和超自然的彰显。这种显现不是以一种制度和人性为中心，而只是围绕着主耶稣基督为中心，圣灵高举基督，使神的儿女从四面八方重聚到基督周围。

以赛亚书 59 章 19-20 节清楚描写了圣灵彰显的各种果效。当神的儿女以悔改的心回到神的身边，基督会再一次在祂的教会中做工，给人们带来救赎和释放，更新祂的约并恢复祂灵的丰盛。神的儿女又一次成为主的见证。籍着圣灵常驻在他们身上，神的道借着他们的口被传扬开来了。

各个年龄组的人都被包括在圣灵的浇灌之中，包括父母，儿女和儿女的儿女，其实对年轻人还有特别的强调。约珥书 2 章 28 节和使徒行传二章 17 节对圣灵的这种浇灌都作了预言：

"你们的儿女要说预言，你们的少年人要见异象。"

圣灵的这种显现既不是短暂的，也不是临时的，它是"从今直到永远"。圣灵的丰盛现正在神的儿女身上得以复兴，并再也不会离开他们。

以赛亚书第 60 章的开头两节强调了光明与黑暗之间日益增强的对比。

"黑暗遮盖大地，幽暗遮盖万民。"

然而在黑暗的周围，神的光和荣耀却越发明亮地照在他儿女的身上。黑暗变得更暗，光明就显得更亮。这就是做决定的一刻，分道扬镳的起点。这里再也没有中立的余地，再也没有妥协可言。哥林多后书6章14节说：

"你们和不信的原不相配，不要同负一轭。义和不义有什么相交呢。光明和黑暗有什么相通呢。"

在第3节中，以赛亚描述了教会的荣耀对这个世界的影响，万国及其君王要转过来寻求救助。耶稣在路加福音21章25节中把这一刻描写成："地上的邦国也有困苦…就慌慌不定"。近几十年出现的多重问题已使万国的君王再也无法自称他们拥有解决这些问题的办法了。所以，当基督藉着教会彰显祂的智慧与大能时，整个世界都将归向祂。

在以赛亚书第60章的第4节中，以赛亚提醒教会要注意人们的大量涌入。这里我们再一次看到了对年轻人的特别强调："你的众子"和"你的众女"。

第5节将预言的这部分推向了巅峰。"那时你看见就有光荣。"在这个异象中，神要做的就是将祂的儿女聚集在一起。从每一个历史背景，从基督教世界的每一部分，复兴的溪水必将流淌，并最终联合起来，汇成唯一不可抵挡的大河。"你心又跳动又宽畅。"当神彰显祂的大能与荣耀时，祂的儿女必将在心中产生对神的敬畏。不仅如此，神儿女的心也得着宽畅，从而能更好地领会并完成神的旨意。

神的儿女如此重新聚集，合而为一，并获得能力时，他们也将得到大量财政和物质上的资源："大海丰盛的货物"和"列国的财宝"。神早已将这些资源保留好了，分别出来，只等教会在完成其最终使命时使用。

最后的大使命

在马太福音 24 章 3 节中，门徒们问耶稣：

你降临和世界的末了，有什么预兆呢？

他们的问题十分具体。他们所问的预兆不是复数形式，而是特指的预兆－即那个最终确切兆头，说明末世即将来到。

从第 5 节到第 13 节，耶稣告诉了他们各样的预兆，就是各样标志着末世的事件或趋势。然而，直到第 14 节耶稣才实际回答了他们这一具体问题："这天国的福音，要传遍天下，对万民作见证，然后末期才来到。"

这里才是对那个具体问题的具体回答。末期何时来临？当这天国的福音传遍天下并对万民作见证之时。这就证实了我们这个系列讲题从头到尾所强调的一个主题：世界事件的主动权都掌握在神和祂的儿女手中。这个世代的高峰不会由世俗力量的行动带来，也不会由撒旦势力的欺骗与不法行为泛滥引发而来。最终的决定性活动乃是天国福音的传播。而这一使命只能由耶稣基督的教会来完成。

圣经对所要传播的信息有精确的说明，即它是 " 这天国的福音 " ，也是基督和第一批门徒所传的信息。它阐明了基督那君王般的得胜与大能。正如传道书 8 章 4 节所说的：" 王的话本有权力 " 。

以及哥林多前书 4 章 20 节所说的 ： " 因为神的国不在乎言语，乃在乎权能 " 。

希伯来书 2 章 4 节也说到天国的福音 ： " 用神迹奇事和百般的异能，并圣灵的恩赐来做见证 " 。它必将真实有效地 " 对万民作见证 " 。

今天，教会这场戏的最后一幕上演的场景已经准备好了。在人类历史的长河中，这是第一次，只需一代人就能完成将天国的福音传遍万国的使命。科学技术已能提供所需的旅行和通讯的手段。运用这些资源的费用是惊人的，但在以赛亚书 60 章 5 节中神已对末世的教会应许赐它 " 大海丰盛的货物 " 和 " 列国的财宝 " 。列国的财宝与技术资源都要被教会用来完成它在地上的最终使命。

同时，约珥所应许的圣灵的春雨带来了大批委身的青年男女，他们已经准备好去完成耶稣在使徒行传 1 章 8 节中所说的使命 ：

" 但圣灵降临在你们身上，你们就必得着能力。并
要在耶路撒冷， 犹太全地，和撒玛利亚，直到地

160

极，作我的见证。"

这正是大卫在诗篇 22 章 30 节中所期盼的一代人 ："他必有后裔事奉他。主所行的事，必传与后代。"

这也是耶稣在马太福音 24 章 34 节中所提到的时期 ：这世代还没有过去，这些事都要成就。

神为了最终完成祂的旨意已在聚集各样所需的资源，由圣灵充满的年青人组成的人力资源，以及由财富与技术构成的物质资源。在这两方面美国都能做出无与伦比的贡献。圣灵对当代年青人的首次大浇灌已在美国出现，并在全国范围内进一步展开。同时，美国的经济、技术资源在现代世界也是领先的。对于第一个将人类送上月球的国家来说，借着结合人力和物力资源把天国福音传遍全世界，美国因此将完成它神圣的目标，它正是那根贯穿三个半世纪美国历史的主线。

神对美国的这个特殊旨意是出自当年最初的清教徒团契。神让他们看见复兴教会的异象，为此他们奉献出了自己的劳力和生命，加上祷告与禁食。今天那些分享最初移民异象的人能够看到它的实现已近在咫尺。耶稣基督的教会已整装待发，准备将天国的福音带给地上的万国。只有通过完成教会的最终使命，教会本身才能得以完善。

美国土地上最初的清教徒移民从对圣经的研究中学到了两条伟大真理，同时他们也在自己以及别的土地上将这两条真理传给了他们属灵的后代。这两条真理的第一条就是：神对末世的旨意是要复兴教会，使教会得以完全；第二条就是：实现这一旨意的力量源泉来自共同的祷告与禁食。

为家园祷告

如何有效地祝福我们的土地

"这称为我名下的子民，

若是自卑，祷告，寻求我的面，转离他们的恶行，我必从天上垂听，赦免他们的罪，医治他们的地。" – 历代志下 7 章 14 节

为家园祷告

教会如何发挥"地上的盐"的功用
神医治我们的地的应许
神的四个条件
为家园祷告是我们的属灵义务
属灵领域里的决定性干预
谁会站在破口之处

有很多不同的方法，可以使教会的权柄在世界上行之有效。我建议可以从四个方面着手：祷告，见证福音，传讲福音和广行善事。这些方法是神期待教会发挥其影响力的主要方法。

神也同时期望，教会藉着祷告，在国际事务中也发挥掌控性的影响力。这在圣经经文中有清楚的说明。如果教会不能如此行，教会就成了失去味道的盐。

历代志下 7 章 14 节说：

> "这称为我名下的子民，若是自卑，祷告，寻求我的面，转离他们的恶行，我必从天上垂听，赦免他们的罪，医治他们的地。"

当所罗门王献殿之后，神给了所罗门以上的启示。你们中间某些人无疑会想：这应许只是在旧约时代，很久之前神给所罗门王的应许，这在今日恐怕没有什么作用了吧。请允许我简要地就此做些回应：

在哥林多后书 1 章 20 节，圣经告诉我们：

"神的应许不论有多少，在基督都是是的，所以藉着他也都是实在的，叫神因我们得荣耀。"

请留意这里的经文，这里说的不是一些应许，而是所有神的应许！不是过去"是的"，也不是将来"是的"一而是现在就是！并且，不是仅仅"是"，如果你还疑惑，我要清楚告诉你，神的应许不仅是，而且实实在在，千真万确，在基督里因着我们，神得着了荣耀。在这里，"我们"指的是包括你我的所有基督徒。我们如何荣耀神？靠宣告神的应许！我们越多宣告神的话语，我们也就越荣耀神。今日，在基督里我们得着了所有神的应许。

查看历代志下 7 章 14 节的应许，我相信你能看到这应许也成就在我们身上。新英王钦定版的翻译是："这称呼我名的民"，而希伯来原文的翻译是："…… 这称为我名下的子民"。神的百姓就是那些仰望神，呼叫神的名的子民。

如果你是一个基督徒，这意味着什么？这实际意味着，你需要仰望神并且呼求基督的名，你的身份与基督之名相连接。你之所以被称为基督徒，是因着耶稣基督的名。因此，这历代志下 7 章 14 节的应许适应于所有的基督徒，所有仰望神，呼求基督之名的子民。

神说过，如果祂的百姓愿意先做四件事情，祂就会做另外三件事。神的百姓需要首先满足神提出的四个条件，然后，神就也会做祂说承诺过的三件事。由此可见，这是一个有条件的应许。神没有说祂会无条件地去做。祂只是说："如果我的百姓满足我的条件，那么，我也就会做这些事情。"

在上述经文的最后部分，我们看到，神为祂百姓将做的最后一件事，就是医治他们的土地。这里很清楚，这里的土地就是指的他们所生活的土地。看看我们所生活的土地，它是否需要医治？只有一个唯一的答案：需要医治！土地需要被医治的事实，显明了一个问题：那就是神的百姓没有按照神所要求他们的去行。这责任在我们身上 --- 不在吸毒的瘾君子身上，不在娼妓身上，不在那些从不参加教会聚会和服事的人身上。这责任只在我们，这呼求耶稣基督的神的子民身上！

如果我们的土地没有被医治，只有一个原因：就是我们还没有做神所要求我们做的事。我相信这是最重要的一点，完完全全就是真理所在。在马太福音 5 章 13 节，主耶稣说了以下的话，从另一个角度阐明了上述真理：

> "你们就是世上的盐。盐若失了味，怎能让它再咸呢？只会被人扔出去，被人践踏。"

如果我们的土地在我们手中没被医治，那只能说明，我们这盐失去了它的味道。

盐是用来做什么的？首先，它提供味道。只要我们活在世上，我们就需要在神面前，给世界带来味道。换句话说，神接纳这个世界，是因着基督徒的缘故。因着我们的存在，神对世界不是震怒与审判，而是恩典与怜悯。

我相信这一点在我曾经所在的地方，特别显明了不同之处。在第二次世界大战期间，我发现，其他士兵比我所在的位置更安全。没有得救的士兵明白这一点。当我们在北非荒漠的死角时，一些亵渎的士兵会转向我，说："叶光明下士，我很高兴你和我们同在。"圣经中以利沙对以利亚说了什么？"我的父，我的父，以色列的火车火马！"（列王记下 2：12）。火车火马在哪儿？不在王的周围，而是在先知的四围。

我们是国家的守护者，是国民安全的保障。想想所多玛的例子。亚伯拉罕对神说："假若有十个义人，你会饶恕这城吗？"神说："是的。"但是最后神不能赦免所多玛这座城，是因为他不能在这座城里找到十个义人。我不知道所多玛城一共有多少居民居住其中，但是我知道，同样的人口比例原则仍旧适用于其他城市。十个义人能够拯救像所多玛这样规模的一座城。一百个义人能拯救十倍所多玛人口的城市，一千个义人能够拯救百倍所多玛人口的城市。以此类推。

我对将来教会被提后的世界感到深深的遗憾。因为地上不再有盐。那也就意味着，神的烈怒和审判将被倾倒在地面，没有任何保留。但是当我们在世上，我们就是地上的盐。

盐也可以保管物品，阻止食物的腐烂。在没有冷冻技术的年代，肉是用盐来保存的，盐可以阻止肉类的腐烂。我们基督徒在地上是为什么？是为了防止腐败 ----- 各种形式的腐败，道德的，社会的，或是政治的。只要我们在世上，我们就能够发挥盐的果效，防止腐败。主耶稣曾经说过："盐若失了味、怎能叫它再咸呢。以后无用、不过丢在外面、被人践踏了。"（但教会如果不再发挥盐的果效，它就会被丢到外面，任人践踏。这里说到"践踏"的人，包括纳粹分子，或是其他类似的还没有浮出水面的人群。他们会把那些没有满足在世上成为盐的教会践踏在脚下。那么，神究竟需要祂的百姓做什么？

首先，"... 这称为我名下的子民，需要自卑 ..."。对宗教人士而言，最难做的事就是自我谦卑。我这里不是戏笑之词，而是非常认真严肃地说这个话题。你应该听见有人祷告："神啊，让我谦卑。"神从不做这样的事。神说："你要谦卑自己"。祂没有说："我会让你谦卑"。神不会让你谦卑，祂只会在不得已的时候让你受羞辱来管教你。唯一能够让你谦卑的是你自己。谦卑必须来自你自己里面的意愿，而不能从其他任何渠道而来。如果你不选择谦卑己身，即使你在尘土中受辱，你仍旧可以像一个孔雀一样，自以为是，骄傲自大。

因此，神要求的第一个条件，是谦卑己身，降服与神。如果我们降服与神，我们也向祂的话语和权柄降服。自己说降服于神是容易的，但神的话语说：

> "彼此顺服……你们作妻子的，当顺服自己的丈夫……你们作儿女的，要在主里听从父母……"（以弗所书 5：21-22；6：1）

这就是不易的原因所在。很多人声称："我是顺服神的"。但是，当测试他们和他人的关系时，很显然他们并不顺服。

如果你要谦卑自己，你必须行出来。时不时在神面前，脸贴地板祷告，并不是坏事。你是否曾经这样？祷告说："神啊，我在这里，这里就是我的所在。我是虫，我来自尘土，尘土就是我的居所。"你是否觉得这样行太盲目，太狂热了？请好好读圣经，圣经里有无数的人也如此在神面前脸伏与地：亚伯拉罕，摩西，大卫，但以理，他们都曾经这样祷告。没有哪一位被记载的杰出圣徒，没有被记载脸仆于地祷告在神面前。如果摩西、大卫、但以理还有其他圣徒都不以此为耻，那么，我也不认为这样祷告就会降低你的尊严。

"这称为我名下的子民，若是自卑……"这是神给祂子民的第一个要求，是我们第一步要做的事，不能被忽略和抹去。神有祂自己设置的属灵进度表：一年级，二年级，三年级，四年级。除非你一年级功课合格了，你就别想能进入二年级学习。神不在乎你是否要花十年时间不断重复一年级的功课，祂不会网开一面，让你破格升级。这就是为什么一些人老卡在同一年级很多年的原因。不要认为："主啊，一年级的功课我过不去，但是我可以先修读二年级的课嘛。让我跳过这个一年级，我可以做下一步的事。" 不，这样根本就行不通！你不通过一年级考试就别想进二年级！

第二个步骤是祷告。"那称为我名下的民，如果自卑，祷告……"。如果你还没有谦卑自己，请不要祷告。

第三个步骤是寻求神的面。这是什么意思？我的理解是，那意味着需要直接进入到全能上帝的同在中 ---- 每一个障碍，每一个拦阻都被挪移，你与全能上帝面对面。也许你参加了一个祷告会，但那并不一定意味着就是寻求神的面。

一个年轻人曾经来到我面前想寻求圣灵的洗礼。他是一间教会青年人事工的同工。我告诉他，周三晚上可以见他。他然后对我说我那晚上他得参加一个祷告会。我说："我觉得那不一定好。"他接着说："哦，不，祷告会就够了。我们从 8 点祷告到 9 点"。请允许我直言：那是一个祷告会，但并不是寻求神的面。当你寻求神的面的时候，如果你没有进入神的同在，你不会停止 --- 即使你需要花上一个晚上。很多的祷告会并不是寻求神的面，才刚刚与神相遇，就马上戛然而止。

第四个步骤，是"…… 转离他们的恶行"。谁要转离他们的恶行？是那些醺酒的，不去教会的年轻人吗？不不不，是基督徒---- 是神的选民！复兴的障碍在教会里面，而不是在教会外面。障碍从来就不在教会外面。

你知道审判是从什么地方开始吗？是从神的家起始。"因为时候到了"，彼得说，"审判要从神的家起首"。为了让话更明白，彼得作了补充："先从我们起首"。他又接着问道："那不信从神福音的人将有何等的结局呢？"神总是这样做事。祂总从知道最多的人起首，开始做事。"因为多给谁，就向谁多要"（路加福音 12：48）。你会说："叶光明弟兄啊，我没有什么恶行啊！"我会告诉你："你从来没有近距离亲近神。如果你进入了神的同在，你就会看见你的恶行。你说你没有恶行，恰恰证明了你和神有多么的远。"

在以上这四个步骤以后，神说："我必从天上垂听"。神并没有承诺要听我们的每一个祷告。你知道吗？我确信很多教会的祷告甚至还没有到达天花板的高度。神没有承诺要听我们的每一个祷告。事实上，神说："既然知道他听我们一切所求的，就知道我们所求与他的，无不得着。"（约翰一书 5：15）

因此可见，困难不在乎是否能得着神的答案，而在乎是否神听我们的祷告。

"我必从天上垂听，赦免他们的罪。"赦免谁的罪？是指那些妓女和那些吸毒的吗？不是，是教会的罪！

"医治他们的地"。说到这段经文，有一点我是清楚的：如果土地没有被医治，是神百姓的错误。我曾经就此不断思考，祷告，默想，那些自称为教会的社群需要为当代美国社会的情形负上责任。如果我们的土地没被医治，责任在我们身上。我和你都同时肩负责任。我并没有说一些只和你相关，而我却可以置身度外的事。

藉着祷告得医治

我们怎样才能带来医治？我会告诉你，是藉着祷告。以下是提摩太前书二章前四节经文的教导：

· 我劝你第一要为万人恳求、祷告、代求、祝谢，

· 为君王和一切在位的，也该如此，使我们可以敬虔、端正、平安无事地度日。

· 这是好的，在神我们救主面前可蒙悦纳。

· 他愿意万人得救，明白真道。

让我们好好思考以上的经义。

保罗说，"首先，祷告！"如果你忽略祷告，即使你有各式各样的计划，体系安排和程序设置，但你却没有操作它们的能力。这就像一个建筑物，有各样的电路设置，但却没有通电，也就什么事也不能做。电路可以设计得完美有序，

灯饰也可以非常精致美观，但是你什么效果都看不到！因为没通电。基督教会的电力房就是祷告。因此，保罗非常严谨有逻辑地说："首先，祷告！"

接着，他告诉我们要祷告什么？第一，"为君王和一切在位的"。我的经验是，大多数自称是神的百姓的人，几乎没有为在上掌权者祷告过，更不用说把为在上掌权柄者祷告放置首位了！ 如果你属于英国圣公会，我向你保证，你的祷告手册里有为在上掌权柄者的祷告词。这是一件好事情。但是我作为一名英国公民，资深英国国教成员，我要从我的个人经验里告诉你一些事情：谈论祷告是一回事，真正去祷告是另一回事。这两者是完全不同的。很多人在祷告时念念有词地说祷告手册上的话，但是你如果五分钟后问他们，刚才说的是什么，他们却记不住，不知所云为何物。因为那祷告只是一个简单的形式罢了。

祷告的第一个特别主题是什么？是为"所有在上掌权柄者"：总统，议员，总督，政府官员，警署官员等等所有人。你为他们祷告吗？上一次你为总统祷告是什么时候？上一次你是做的什么---- 指责批评他们还是为他们祷告？如果你为在上掌权柄者祷告，你会较少去指责批评。神没有呼召你去指责，而是呼召你去祷告。如果不祷告，这就是不顺服。我是英国人，但我几乎每天为美国总统祷告。我的妻子可以做我的见证。我们一起祷告，几乎没有哪一天我们不为美国总统祷告。我确认他需要祷告，并也觉得，每个地方的带领者知道他需要祷告。

我们的祷告和在上掌权柄者有什么关系？就这一点，我可以说那是祷告最合逻辑的地方，我可以在圣经的任何地方找到答案。在提摩太前书 2 章 2 节的后半部分，我们被告知需要为君王和一切在位的祷告，这样，"使我们可以敬虔端正，平安无事的度日"简单说，就是有一个"好家园"。你不同意吗？如果我们要敬虔端正，平安无事的度日，我们就必须有一个好家园。

在第 3 节，保罗接着说："这是好的，在神我们救主面前可蒙悦纳"。在这节经文中，"这是好的"是指的什么？是指的上一句"我们可以敬虔端正，平安无事的度日"--- 更简明扼要说，是"我们有一个好家园"。

为什么神想要一个治理区域平安有序？一个非常真实，而且也实际的原因，就是神渴望万人得救，并且能够认识真理。在怎样的环境下更容易将真理带给万民？是在一个有法制的权柄之下，还是在一个不能控制暴力，无序的权柄下面？哪一种类型更容易将真理带给万民？任何一个有理性的人都能给出答案。这就是为什么神需要一个平和的家园，因为这样有利于福音的传播。这也是神属天的目的所在。这一点也不困难，一点也不复杂，完全合理并且实际。

请允许我再说一遍！圣经告诉我们，所有基督徒活动中最首要的一件事，就是祷告。祷告的首要主题就是为在上掌权柄者祷告。我们需要祷告什么？需要祷告我们可以平安敬虔度日。为什么我们需要如此祷告？因为这样可以帮助福音的广传。这已经不是一个古老的奥秘，感谢主，藉着神的话语，真理的奥秘已经被显明。这真理不仅直截了当，具备操作性，而且简单明了，有实实在在的果效。

当我们按照神的心意去祷告，圣经是如何告诉我们的？在约翰一书 5 章 14-15 节，圣经告诉我们：

> "我们若照他的旨意求什么，他就听我们。这是我们向他所存坦然无惧的心。既然知道他听我们一切所求的，就知道我们所求于他的无不得着。"

换句话说，如果你知道你是按照神的心意在祷告，那么你就知道神会倾听你的祷告。如果你知道神倾听你的祷告，你就知道你求与祂的无不得着。鉴于此，如果是神的心意让我们有好的家园，如果我们知道祷告祈求是神的心意，我们就知道神倾听我们；如果我们知道神听我们的祷告，我们就知道我们所渴望的无不得着。从另一个角度而言，如果我们没有好的家园，那是什么原因？那是因为神的百姓没有满足神的条件，没有祷告。

总的来说，你可以说基督徒得着他们应得的家园与生存环境。虽然这中间会有些时间差距，不会一瞬间发生。但是，总体而言，基督徒要为他们所在的家园负责。如果你花更少时间去指责，更多时间去祷告，你就会更少看到需要指责的内容。

在这里也有一个非常确切，并且合乎圣经的原因。为什么神的百姓要为之负责？因为我们是唯一知道如何达成果效的一群人。

> "因为我们并不是与属血气的争战，乃是与那些执政的，掌权的，管辖这幽暗世界的，以及天空属灵气的恶魔争战。" （以弗所书6：12)

保罗说："我们 .... 争战 ......"一些基督徒对这节经文断句错误，

他们读的是："我们并不是 ..... 争战" --- 然后就完了！这不是保罗所说的。保罗所说的实际是 ："我们争战，但是并不是与属血气的争战"。在这里，保罗用了古代奥林匹克竞赛的隐喻。历史学家同意一个观点，那就是在所有奥林匹克的竞赛项目中，摔跤是最花费体力的。我们基督徒的生命体验与摔跤极为类似。在摔跤中，没有任何保留。你身体的每一个部分都投身其中。这就是基督徒的生活。我们实在处在摔跤竞赛中，但不是和属血气的争战。保罗告诉我们，我们不是和人争战。

那么我们是和什么争战呢？

· "执政的" --- 看不见的国度
· "掌权的" --- 在看不见的国度，有权柄掌管的

· "管辖这幽暗世界的"--- 更准确说。"当前幽暗的世界管辖者"

· "属灵气的恶魔"--- 更准确说，是"邪灵"

这场争战是发生在什么地方？答案是，在"高空"，更准确说，是在"诸天"。这是一个神话语的启示，每一个基督徒都应该知道。有一个有组织的国度反叛神和神的旨意。这就是撒旦的国度。主耶稣告诉我们，撒旦有牠自己的国度，并且撒旦完全掌控。这个国度不仅不是分裂的，而且完全抵挡神。这个黑暗国度的所在地是"诸天"。大多数的圣经学者会同意，这个国度的所在地"诸天"不在神所在的"第三层天"，也不在我们肉眼能够看得到的第一层天，而是在两者中间的第二层或中间层。在世界上方有一个肉眼看不到的国度，这个国度是一个黑暗的国度。它完全抵挡，并且不断仇恨神，神的旨意和神的百姓。也包括你和我。魔鬼仇视你和所有在神里面的。牠也做牠能做的各样事来伤害甚至毁灭。牠是来偷窃，杀戮和毁坏。是极度有能力的一个位格。

击毁这个黑暗国度是基督徒的责任。国家总统和总督不能做这样的事，因为他们没有相应的武器。如果是和属血气的争战。我们会考虑坦克，装甲车，飞机。但是，坦克装甲车，飞机统统没用，因为我们不是和属血气的争战。

很多人也得着了同样的结论。他们不一定直接诉诸文字，但他们暗示了这一点。很清楚，几乎所有美国的政要承认，他们对他们所面对的问题没有答案。而这正是圣经告诉我们的。

这不是和属血气的争战。你可以杀死纳粹分子，但你不能杀死纳粹主义。你可以杀死无数的人，当你对在他们后面的属灵势力无计可施。只是杀人不能解决问题。保罗在哥林多后书 10 章 3-5 节说："因为我们虽然在血气中行事，却不凭着血气争战。"---我们的争战不在血气领域，不在肉体领域，并不是和属血气和肉体的争战。"我们争战的兵器，本不是属血气的"--- 它们不是炸弹，坦克，但是它们"乃是在神面前有能力可以攻破坚固的营垒"。 这里，坚固的营垒指的是撒旦的坚固营垒。

请留意坚固营垒在什么地方！"将各样的计谋，各样拦阻人认识神的那些自高之事，一概攻破了，又将人所有的心意夺回，使他都顺服基督。""计谋"的另一个解读就是"理性"。争战存在于人的心思意念：理性，想象，思想和知识。你即使是给一个人执行死刑，你也不能改变他的态度。他的态度至死不变。

在东非肯尼亚茅茅危机中，英国政府用绞刑处死了一些茅茅领袖。我认识一个宣教士，当那些茅茅人领袖被处死时，他在现场。他说，当那些领袖走到绞刑架的时候，他们口中不断在重复说："我会回来的！我会回来的！"这并不是那个人在说话，而是在他里面的邪灵。你可以杀死一个人，让他死亡，但在他里面的邪灵会回来。

我们不是与血气和肉体争战。我们的争战在不同的层面上，有不同的敌人，不同的武器。但神给我们的武器是大能的！如果我们使用它们，便战无不胜。如果我们被击败，不是因为缺乏武器，乃是因为不会使用。

旧约的例子

我想从旧约中的两个例子，来揭开看不见的属灵领域的面纱，让你了解它是如何掌控人类事务的。我相信，属灵因素是世界事务，国家事务和个人事务中绝对性的决定因素。虽然我们承认在历史事件中，社会和经济的影响力贯穿其中，它们也是真实的影响要素，但是，在这一切背后，决定性，掌控性的要素却是属灵因素。这就是为什么教会是在国际事务中的决定性因素，因为教会是唯一能进入这个领域，并可以在其中操作的一个群体。这绝对非常合乎逻辑。

在圣经以西结书 28 章，揭示了一个非常让人震惊的双重国度：有天然人作统治者的看得见的国度，以及撒旦为统治者的看不见的属灵国度。在该章前 19 节经文，我们看到对两个人的哀叹。一个被叫做"推罗君王（Ruler of Tyre）"，一个被叫做"推罗王 (King of Tyre)"。推罗君王是人，虽然他自称是神，但实际上他是人；但是推罗王既不是，也不可能是一个人。如果我们仔细研读12-18节的经文，我们只能得出一个结论：推罗王就是撒旦本人。在看得见的推罗国和推罗王的背后，是看不见的推罗国度和它的王，幽暗世界的统治者，就是撒旦。看得见国度的事务轨迹被看不见国度的事务决定。是看不见的领域发挥决定作用。

我相信，在每一个国家，民族，大城市背后都有一个肉眼看不见的统治者。有弗罗里达州后面的统治者，也有在迈阿密后面看不见的属灵权势。我去过很多城市，发现当人去到某些城市后，你能感受到属灵权势的存在。他们并不是总是一样。我曾经在柏林待过几年，那里的属灵气氛中充满了性的不道德和情欲。但是在其他一些城市，却是另一些属灵的影响力。在芝加哥，那背后主要的属灵势力是暴力，在新奥尔良，那影响力是巫术。如果你敏感，你能感受到看不见力量的掌管和控制。除非有人有针对性地就这些属灵势力祷告，否则，神的国度绝对不会有突破。当这样行时，复兴的浪潮会海啸般席卷那个国家或城市。神国度推进后面最大障碍都是在看不见的领域。

几年前在阿根廷就有一个非常生动的例子。一个名叫米勒的宣教士去到阿根廷，他使用了各种计划，希望成就神的事工。但神把他关在一个小教会中呆了一个多月，他所有能做的事就是祷告。他一直祷告，直到掌控阿根廷的属灵势力被清楚识别出来。在那个强大的罗马天主教国家，神奇迹般地开路，使用了阿根廷全国最大的体育场，让一个无人知晓的美国传道人来传讲福音。在月末，20 万人每天聚集在一起聆听他的信息。这是一个记载在教会历史上的最著名的福音运动，而它直接就是捆绑看不见的势力的结果。

另一个旧约中属灵权势的例子记载在但以理书第 10 章。但以理禁食二十一天，迫切地寻求神属天的干预。在他禁食要结束的时候，天使带来了启示，给了他祷告的答案。天使对他说："因为从你第一日专心求明白将来的事，又在你神面前刻苦己心，你的言语已蒙应允；我是因你的言语而来。"但以理祷告了二十一天，但他的祷告第一天就蒙应允。为什么他等候神的答案等候了二十一天？在第 13 节天使继续给出了原因：

"但波斯国的魔君拦阻我二十一日，忽然有大君中的一位米迦勒来帮助我 ……"

这里"波斯国的魔君"并不指人。这些事件并不发生在人中间。是天使带来信息，也是天使在抵挡送信的天使，并还有另一个天使米迦勒来帮助第一个天使。这是在诸天间天使的属灵争战。

请留意，是在地上发生的事决定了在天上的事件。这是一个极大的真理。直到但以理开始祷告之前，什么也没有发生。这里我们看到，是但以理的祷告让天使参与，而不是天使让但以理参与。是但以理让天使参与！多希望神的百姓能够看到，这一切事情是由我们决定，甚至不是天使。

启示录 12 章 11 节告诉我们："弟兄胜过他，是因着羔羊的血和所见证的道。" 这里，弟兄是指地上神的子民，他是指的撒旦。我们是宇宙间所发生事件的决定性因素。我一点都不夸张，如果但以理不祷告，天上就什么事也不会发生。他不得不祷告二十一天得到答案。为什么答案延迟？这并不是因为但以理没有按照神的心意祷告。他的祷告一点都没有错。撒旦，这位波斯国的魔君，才是祷告延迟的原因。

很多时候你没有得着祷告的答案，并不是因为你祷告错误，而是因为一个很简单的理由：你需要祷告让邪恶的老魔君让路。如果你没有准备做这样的事，你不会得着祷告的答案。

你需要彻底的祷告，需要挑战撒旦。很多人很害怕做这样的事。如果你进入这样的属灵领域，你会遇到一般基督徒不会遇到的问题和试探。看不见的属灵势力会敌对任何有智慧为掌权柄者祷告的人。如果你没有属灵的胆识和魄力，你根本就不要开始这样的祷告。我这话也许太直接，听起来让人觉得不委婉不舒服，但我是认真的。

在第 20 节，天使在赐下启示后，接着说：

"你知道为何我来见你吗？现在我要回去与波斯的魔君争战。我去后，希腊的魔君必来。"

上述经文所提及的魔君不是人类。他们都是在早期帝国后面属撒旦的灵界治理者。这些帝国之所以重要，是因为它们都先后统治过圣地。首先是巴比伦，接着是波斯，希腊和罗马。在每一个帝国后面，都有一个属撒旦的魔君。这些问题首先不是在灵界被决定，而是在地上，借着一个人，但以理的祷告而决定。

> "我在他们中间寻找一人重修墙桓，在我面前为这国站在破口防堵，使我不灭绝这国，却找不着一个。"

"如果我能在国中找到一个，我就赦免他们。"想想这句话！一个人能够力挽整个国家的狂澜。但是没有一个人可以做这样的事。

神在寻找合祂心意的男人！我在说"男人"，我就是实实在在地说"男人"，没有任何比喻修饰。是时候基督徒男性站起来，像真正的男人一样行动了。领导权从来就不应该在女士的手中。我这么说，并不是要指责女性，应为这本是男性的过错。

我认为，美国男性在三个角色中缺席失职：丈夫，父亲和属灵领袖。神在寻找男人，一个站在破口，并且能修复墙桓的人。如果他找不到这样的人，美国就会像旧约中的以色列人那样，面临神的烈怒和审判。问题的解决在乎于你的回应。如果你看不到，求神开你的眼睛。如果你没有认识到你自己的责任，求神带领你悔改。

宣告和祷告

为家园祷告的祷告词

那可称颂，独有权能的万王之王，万主之主。1

至高者在人的国中掌权，要将国赐给谁就赐给谁。2

凡事掌权的，都是神所命的。3

主因你高举我们，我为在上掌权柄者祷告。4

按照你的心意引领我们的政府，赐我们政府力量。5

除掉其中的罪恶，6

让我们可以平安，宁静，敬虔度日。7

愿我们的国家充满你荣耀的知识，如同充满海洋。8

愿你的国降临。9

奉主耶稣基督的名祷告。

1.提摩太前书 6：15   6.箴 言 25：5

2.但以理书 4：25   7.提摩太前书 2：2

3.罗 马 书 13：13   8.哈巴谷书 2：14

4.提摩太前书 2：24   9.马太福音 6：10

5.撒母耳记上 2：10

我们争战的兵器祷告词

感谢神，使我们藉着我们的主耶稣基督得胜。1

我要穿戴神所赐的全幅军装，就能抵挡魔鬼的诡计。因我们并不是与属血气的争战，乃是与那些执政的、掌权的、管辖这幽暗世界的，以及天空属灵气的恶魔争战.2

投靠耶和华，强似倚赖人。3

我站稳了，用真理当作带子束腰。4

因为魔鬼是撒谎的，也是撒谎人的父。5

我也戴上公义的护胸镜。6

因信耶稣基督，我在神面前称义。7

我脚也穿上平安的福音，预备走路。8

又拿着信德当作藤牌，可以灭尽恶者一切的火箭。9

我又戴上救恩的头盔，保护我的意念。10

因为我知道神向我所怀的意念，是赐平安的意念，要叫我末后有指望。11

又拿着圣灵的宝剑，就是神的道，作为我的武器 12

藉着它我可以攻破各样坚固的营垒，将各样的计谋，各样拦阻人认识神的那些自高之事一概攻破。13

靠着圣灵，随时多方祷告祈求，并警醒不倦，为众圣徒祈求。14

在主里我已经得胜有余了！15

1. 哥林多前书 15：57

2. 以弗所书 6：11-18

3. 诗 篇 118：8

4. 以弗所书 6：14

5. 约翰福音 8：44，

   以弗所书 5：11

6. 以 弗 所 书 6：14:

7. 罗 马 书 3：22，

   加拉太书 2：16

8. 以弗所书 6：15

9. 以弗所书 6：16

10. 以弗所书 6：17，

    帖撒罗尼迦前书 5：8

11. 耶利米书 29：11

12. 以弗所书 6：17

13. 哥林多后书 10：4-5

14. 以弗所书 6：18

15. 罗马书 8：3-7

求圣灵引领祷告词

阿爸父，感谢你赐下圣灵来教训我。1

保惠师，就是圣灵会将一切的事指教我，叫我想起主耶稣所说过的每一句话。2

真理的圣灵要引导我进入一切的真理。因为他不是凭自己说，乃是把所听到的都说出来，并要把将来的事告诉我。3

你的圣灵帮助我，让我知道怎样祷告。4

求你指教我遵行你的旨意，因你是我的神。你的灵本为善，求你引我到平坦之地。5

因为我被神的灵引导，我是神的孩子。6

奉主耶稣基督的名，阿们。

1. 尼希米記 9：20
2. 约翰福音 14：26
3. 约翰福音 16：13
4. 罗马书 8：26-27
5. 诗篇 143：10
6. 罗马书 8：14

中国大陆免费下载叶光明书籍和广播资源网站

www.ygm.services

中文叶光明书籍和广播资源可以通过搜索

"Ye Guang Ming" 或 "YGM" 或 "叶光明"

下载应用程序到手机或平板电脑阅读和收听。

中国大陆索取叶光明书籍和讲道资源，
可以联系 feedback@fastmail.cn

如何在智能手机上安装应用程序(App)

可复制网址到智能手机的浏览器，或使用二维码安装
适用于您智能手机的应用程序（App）

iPhone/iPad手机下载网址:

https://itunes.apple.com/sg/app/
ye-guang-ming-ye-guang-ming/
id1028210558?mt=8

若干安卓手机下载地址如下，供您选择:

https://play.google.com/store/
apps/details?id=com.subsplash.
thechurchapp.s_3HRM7X&hl

叶光明事工微信公众平台:

如果您对叶光明事工的资料有任何反馈或愿意作出奉
献支持事工，请email联络我们：

电子邮件 feedback@fastmail.cn

DPM27-08